Lh³ 48

LES
INVINCIBLES.

IMPRIMERIE DE RENAUDIERE, MARCHÉ-NEUF,
n°. 48.

Ils ne sont plus, de fleurs couvrons leurs cendres ;
Voyons en Français, ces braves outragés ;
Dans le tombeau sans crainte ont du descendre ;
Mort pour l'honneur, ils sont assez vengés !!!

LES INVINCIBLES,

OU

GLOIRE DES ARMÉES FRANÇAISES.

PRÉCIS

DES ACTIONS ÉCLATANTES QUI ONT FAIT SURNOMMER LES FRANÇAIS

PREMIERS SOLDATS DU MONDE!

DÉDIÉ AUX BRAVES.

Par P. C.

Leur pavillon, pendant vingt ans d'alarmes,
Flotta vingt fois chez vingt peuples divers!
Quel bon Français peut refuser des larmes
Aux Guerriers qu'admire l'Univers!

A PARIS,
A la Librairie de H. VAUQUELIN, quai des Augustins,
N°. 11.

1819.

AVANT-PROPOS.

Rappeler à des Français la gloire de leur patrie, c'est le plus sûr moyen de fixer leur attention et d'acquérir des droits à leur reconnaissance.

Cependant, lorsque des braves, qu ont participé à cette gloire, se sont associé des littérateurs distingués, et les ont chargés de la transmettre aux races futures, ornée de tous les charmes d'une élégante diction, il y a peut-être de la témérité à vouloir exploiter une mine dont on a déjà tiré de si riches trésors.

Nous aurions lieu de le croire, si ces trésors étaient à la disposition de tout le monde; mais comme il est assez ordinaire que les richesses littéraires, comme les autres, n'aillent qu'entre les mains de ceux qui en possèdent déjà beaucoup, et que le prix d'un ouvrage qui se compose de vingt volumes, de dix volumes, même de quatre volumes, ne soit pas à la portée des lecteurs de toutes les classes, c'est plus particulièrement pour ces derniers que nous avons recueilli la quintescence de cette gloire, dont le seul souvenir nous enflamme, au moment qu'il nous console, et nous aide à supporter le poids du malheur sous lequel d'affreux revers semblaient devoir nous accabler.

Des esprits superficiels se plaignent que l'on entretient leur douleur, et ne voient pas la nécessité de parler sans cesse d'un objet qui n'est plus. D'autres, dont le motif est plus louable, soutiennent qu'il faut parler de sa gloire à un peuple *vaincu*. Ce dernier mot n'aurait pas dû sans doute échapper à leur plume ; car si le Français fut vaincu, il ne le fut point par des moyens ordinaires ; et, dans les déserts glacés de la Russie, ce ne furent point les Tartares qui triomphèrent, ce furent les élémens.

C'est ici, peut-être, qu'il serait permis de comparer les soutiens de la France à cet athlète, non moins éloquent que vigoureux, qui, renversé dans l'un des combats exécutés aux Jeux Olympiques, prouva, en se relevant, qu'il n'était point tombé. Mais laissons l'hyperbole, et revenons à nos braves.

Furent-ils vaincus, ces jeunes défenseurs (1) de Paris, qui, le 30 mars 1814, après avoir foudroyé pendant plusieurs heures les colonnes russes qui voulaient gravir les buttes Saint-Chaumont, n'ayant plus que des boulets qui n'étaient point de calibre, se couchèrent sur leurs pièces pour y attendre la mort ?

Furent-ils vaincus, ces *hommes de fer*, qui, dans les champs de Vaterloo, firent

---

(1) Les élèves de l'Ecole polytechnique.

entendre ce cri que la gloire a tracé de leur sang dans les fastes de l'immortalité ?.....

Etrangers, qui paraissez si fiers d'avoir conquis la France, c'est en vain que, pour parvenir à ce résultat, vous seriez venus au nombre de *douze cent trentesix mille* (1), vos efforts auraient été vains, si tous les Français, combattant pour une autre cause, n'eussent eu pour point de ralliement que le panache blanc de Henri IV.

Les vainqueurs de *Lody*, d'*Arcole*, de *Marengo* et d'*Austerlitz* ont justement mérité le titre D'INVINCIBLES, et malgré nos désastres, leur gloire, qui est devenue celle de la France, est immortelle.

Qu'elle est belle! qu'elle est noble!

———————————————

(1) Dénombrement des armées de la coalition, en 1814.

qu'elle est imposante, cette gloire qu'ont revendiquée les héritiers de Henri! Que l'expression du Roi était significative, le 3 mai 1814, quand il disait aux maréchaux de France : « Messieurs, *je viens me reposer* » *sous vos lauriers.* »

En effet, que pouvait-on adresser de plus flatteur aux guerriers qui avaient conduit nos phalanges victorieuses sur les rives de tous les fleuves de l'Europe! aux guerriers qui avaient vu flotter leurs drapeaux triomphans sur les tours de toutes les capitales! aux guerriers enfin qui avaient ceint leurs fronts resplendissans des palmes du Nil et du Jourdain! Hélas! pourquoi de fâcheux souvenirs viennent-ils assombrir un tableau dont le coloris fut si brillant?

Mais...... jetons un voile sur la source de nos calamités...... La patrie respire! L'heureuse alliance du pouvoir monarchique et de la liberté, une constitution dictée par la sagesse, exécutée par la franchise, garantissent aux Français, trop long-temps agités par des passions violentes, le retour de leur indépendance et celui du bonheur.

Nos lecteurs ne s'attendront pas à trouver ici une histoire suivie, ou une relation détaillée de tous les événemens militaires qui ont eu lieu en Europe depuis 1792; ils savent bien qu'un seul volume ne pourrait suffire à cette entreprise. Conformément à ce qui est annoncé au titre, c'est un précis des actions les plus éclatantes qui ont illustré les modernes émules des *Dunois*, des *Gaston*, des *Bayard* et des *Turenne*.

Dans ce précis, ils verront combien le courage élève l'ame; combien il peut rapprocher les distances, en plaçant sur la même ligne des hommes qui semblaient devoir être séparés par une barrière éternelle.

Obligé, pour être exact, de parler souvent dans cet ouvrage du chef de l'ancien gouvernement, nous l'avons fait sans passion et avec toute l'impartialité d'un écrivain que la seule gloire de son pays inspire. Si, en parlant avantageusement des talens du guerrier, nous n'avons pas reproduit tous les abus de pouvoir que l'on reproche au despote, c'est qu'ils n'entraient point dans notre sujet.

Comme les faits que nous retraçons n'ont de rapport qu'à la valeur française, nous avons évité avec soin de nous engager dans aucune discussion politique, en cherchant à expliquer des causes dont quelques-unes échappent encore aux hommes qui souvent se croient les mieux instruits.

En annonçant la pureté de nos intentions, si quelquefois, involontairement, nous avions dévié de la route que nous nous sommes tracée, nous protesterions contre toute interprétation tendante à nous faire supposer une pensée anti-française. Sujet fidèle et citoyen paisible, nous savons que nos premiers devoirs sont la soumission aux lois, et le respect pour un prince que ses vertus rendent cher aux Français.

LES INVINCIBLES,

ou

LA GLOIRE DES ARMÉES

FRANÇAISES.

ANNÉE 1792.

Premiers faits d'armes des Français en Belgique.

La France venait d'éprouver cette étonnante révolution, dont la secousse terrible, qui produisit tant de faits extraordinaires, tant d'actions éclatantes, tant de vertus et tant de crimes, ouvrit en Europe la source de mille calamités et fit trembler tous les rois sur leurs trônes.

Notre tâche n'est point de retracer ici les fureurs des factieux et les erreurs d'un peuple égaré; nous dirons seulement que, tandis que l'ambition et l'intrigue s'agitaient dans les cités, la gloire nationale s'était réfugiée dans les camps. Les braves réunis pour soutenir notre indépendance que semblait menacer toutes les puissances de l'Europe, étrangers à tous les partis, détestaient la tyrannie sous quelque forme qu'elle parût: ils ne voyaient que la France: la patrie devint l'objet de leur culte : ils consacrèrent sa divinité : ce fut en obéissant à sa voix qu'ils firent des prodiges.

Dumouriez à Jemmapes.

La campagne s'était ouverte par les combats de Quiévrain et de Saint-Aubin, où la fortune s'était d'abord montrée favorable à nos armes; mais elle nous prouva presque aussitôt son inconstance ; nous avions alors à lutter contre l'Autriche et la Prusse. Les généraux de ces puissances étaient le duc Albert de Saxe-Teschin, Clairfait et Beaulieu, etc.; les nôtres, le maréchal Rochambeau; les généraux Luckner, Biron, Dampierre et Beurnonville; mais c'est à Dumouriez qu'était réservé, dans cette campagne, l'honneur de guider le premier les Français à la victoire. Il avait des forces assez considérables pour mettre à exécution son projet d'envahir la Belgique; il se disposa donc à attaquer le duc Albert, qui s'était retranché sur les hauteurs de Jemmapes, dans une position qu'il croyait inexpugnable.

Dumouriez divisa l'armée française en trois corps : l'aile droite fut confiée aux généraux Dampierre et Beurnonville, l'aile gauche au général Ferrand : le centre, composé d'environ quarante mille hommes, resta sous les ordres du général en chef. Après avoir fait les plus savantes dispositions, il donna l'ordre d'attaquer l'ennemi : c'était le 5 novembre. L'attaque se fit sur Quaregnon avec cette impétuosité qui caractérise les Français. Le brave général Ferrand a son cheval tué sous lui : il charge à pied à la tête de ses grenadiers, la baïonnette en avant, et court sur les pièces de l'ennemi. Dans le même moment, Dampierre, avec le corps qu'il commandait, enlève à l'ennemi deux redoutes, tourne contre lui les canons qui les garnissent, et éteint le feu de plusieurs batteries qui balayaient la route de Cuesme sur laquelle Beurnonville était arrêté.

L'ennemi, qui se trouvait pris à revers, avait déjà son aile droite enlevée, lorsque Dumouriez mit le centre en mouvement. C'est alors qu'il dit aux guerriers qui le suivent : *Soldats, voilà les hauteurs de Jemmapes, et voilà l'ennemi ! l'arme blanche et la terrible baïonnette, voilà la tactique qu'il faut employer pour y parvenir et pour vaincre.*

La voix du général est entendue, les bataillons pleins d'ardeur traversent la plaine ; mais ils perdent leur alignement pendant la marche. Une brigade demeure en arrière et rompt la ligne ; des cavaliers autrichiens lancent leurs chevaux dans les ouvertures. Le désordre pouvait devenir funeste ; mais le combat est rétabli par le sang-froid et l'intrépidité d'un jeune domestique de Dumouriez, nommé Baptiste, lequel se porte à l'endroit où les bataillons commençaient à se mêler : il les rallie, les ramène sous le feu, et mérite de partager ces lauriers dont la victoire tressa pendant vingt ans des couronnes pour nos braves.

Le jeune duc de Chartres rassemble plusieurs bataillons qui se dispersaient, forme une colonne à laquelle il donne le nom de Jemmapes, et enlève des redoutes dans lesquelles nos dragons se précipitent. Le mal est réparé, l'ennemi se trouve entre deux feux : il est battu au centre et sur la droite. Le désordre se met dans les rangs autrichiens, dont une partie fuit épouvantée quand l'autre tombe sous la mitraille. Cependant la gauche résistait et prétendait encore à la victoire. Mais Dumouriez, à la tête de plusieurs bataillons et de dix escadrons de cavalerie légère, se porte sur ce point, culbute une colonne de cavalerie qui s'oppose à son passage, s'empare des positions qu'il fait occuper de suite par l'avant-garde que commande le général Beurnonville, et se jette dans les retranchemens, qui, quoique vaillamment défendus par les grenadiers hongrois, tombent en son pouvoir. Alors on chante sur tous les points l'hymne républicaine; l'ennemi est taillé en pièces, et la bataille complètement gagnée.

Cette bataille fut sanglante; plus de 5000 ennemis y furent tués : on comptait parmi leurs morts plusieurs officiers de marque : huit pièces de canon restèrent en notre pouvoir. Notre perte fut aussi considérable. Les généraux Duhoux et Ferrand furent grièvement blessés.

C'est à Dumouriez, aux généraux Dampierre et Beurnonville, au duc de Chartres et à son frère le duc de Montpensier, qu'appartient principalement l'honneur de cette victoire. Les deux jeunes princes se distinguèrent par des faits qui prouvèrent autant d'habileté que de bravoure; et par ce coup d'essai, les guerriers français firent pressentir jusqu'à quel point ils porteraient leur gloire.

Les résultats de la bataille de Jemmapes furent l'entrée des Français dans Mons, dans Tournay et dans Bruxelles. Dans la première de ces places nous trouvâmes 237 pièces d'artillerie, 3,000,000 de boulets, 2365 caisses de mitraille, et 1437 fusils.

Après différens combats, Liége, Anvers et toutes les villes de la Belgique ouvrirent leurs portes. La plupart des habitans, qui partageaient l'opinion des Français, sollicitèrent et obtinrent l'honneur de faire partie de l'armée victorieuse.

Le peuple d'Anvers et de Namur avait contraint les garnisons de ces places à les rendre, mais elles s'étaient retirées dans les citadelles où elles se défendaient; nous allons, à cette occasion, citer un fait qui mérite de passer à la postérité.

La tranchée était ouverte (1), et déjà les bombes et les boulets écrasaient la citadelle de Namur : tout-à-coup le bruit

---

(1) Sous la direction des officiers du génie Déjean et Marescot.

court que le fort Villate, qui couvre le château, est miné, et que les assiégeans vont sauter au moment où ils croient obtenir la victoire. C'est alors que le général Leveneur, commandant sous les ordres de Valence, conçoit un projet d'une étonnante intrépidité : il se dirige la nuit vers le fort avec 1200 hommes déterminés à mourir. Les Français franchissent les palissades, ils trouvent la première voûte déserte ; mais les sentinelles qui gardent la seconde font feu et donnent l'alarme.

Leveneur, ne pouvant franchir cette palissade, dit à un officier très-grand et très-fort qui se trouve près de lui, de le jeter par-dessus. L'officier exécute cet ordre, et se précipite aussi de l'autre côté de la barrière. Déjà l'intrépide Leveneur a saisi le général autrichien : lui mettant l'épée sur la poitrine, il lui dit : *Conduis-moi à tes mines, ou tu es mort.* L'Autrichien, déconcerté par tant de hardiesse, balance un instant ; mais il cède. Le général français est conduit au fourneau des mines; il en arrache lui-même les mèches, les éteint, et le fort est en notre pouvoir.

SUITE DE L'ANNÉE 1792.

Les Prussiens en France.

La Prusse et l'Autriche avaient terminé leurs préparatifs de guerre. Ces deux puissances avaient rassemblé 150 mille combattans, qui se présentèrent sur nos frontières le 12 août 1792. Vingt mille émigrés français, qui croyaient ne servir que les intérêts du Roi, ajoutèrent, par leur bravoure, à la force de cette armée que le nombre rendait déjà imposante. Elle s'étendait depuis Dunkerque jusqu'à la Suisse; mais les Prussiens, conduits par leur roi et commandés par le duc de Brunswick, furent les ennemis que nous eûmes à combattre en France.

La mauvaise intelligence qui régnait entre les généraux Luckner et La Fayette, dut nuire quelquefois au développement de leurs talens militaires, et rendre inutile l'ardeur des braves qu'ils commandaient. Cependant le duc de Brunswick qui, par une proclamation impolitique, menaçait de tout passer au fil de l'épée, d'incendier nos villes, de mettre la France au pillage, et de ne pas laisser à Paris pierre sur pierre, au lieu d'être utile à la cause qu'il venait défendre, hâta peut-être la mort de l'auguste victime dont tant de sang et de larmes ont arrosé la tombe.

Il est certain qu'à la lecture de ce manifeste foudroyant, les Français ne furent point épouvantés; qu'au contraire, leur exaltation fut portée au comble, et qu'ils ne respirèrent plus que le désir de repousser l'étranger qui les menaçait avec tant de hauteur et de mépris.

Biron et Custines venaient de cueillir des lauriers à Arzheim; ils avaient forcé le prince Hohenlohe à lever le siége de Landau; mais l'armée coalisée se portait toute entière sur Longwy. Cette ville était en état de résister, elle avait une bonne forteresse, dix-huit cents hommes renfermés dans ses murs, 72 pièces de canon et des munitions de toute espèce. Le commandant Lavergne, réputé brave, eût sans doute fait une honorable résistance, s'il eût été secondé des habitans; mais ceux-ci effrayés par le feu qu'une bombe avait mis à un magasin de fourrages, forcèrent le commandant à capituler.

Fiers d'un succès si facile, les Prussiens investissent Verdun : le duc de Brunswick fait sommer les habitans de se rendre. Sur le refus qu'ils en font, le bombardement commence, et les boulets, partis de trois batteries, pleuvent sur la ville. Déjà plusieurs maisons sont incendiées, et, comme à Longwy, les autorités civiles demandent au conseil de défense que les portes soient ouvertes.

Le brave Beaurepaire persiste à défendre la ville ; l'ennemi menace de l'escalade en offrant une capitulation : les bourgeois, qui ne voient que les horreurs du pillage, accordent tout; et Beaurepaire, pour ne pas être témoin de leur honte, se brûle la cervelle. Cependant la garnison évacue avec les honneurs de la guerre, et son chef, victime d'un véritable dévouement à la patrie, est emporté par elle dans un fourgon. Arrivé à Sainte-Ménéhould, un jeune lieutenant, qui s'était opposé à la reddition de la place et avait prononcé des discours pleins d'éloquence et de bravoure, se retire avec l'armée. Un représentant du peuple, apprenant la conduite qu'il avait tenue, lui demande ce qu'il veut qu'on lui rende à la place de son équipage, de ses chevaux, de son argent qu'il a perdus pendant le siège : « *Je ne veux qu'un sabre*, répond Marceau avec fureur ! *je ne veux que venger notre défaite.* »

Bataille de Valmy.

Kellermann, qui avait remplacé Luckner à l'armée du Rhin, rassemblait à Metz environ 22,000 combattans destinés à soutenir Dumouriez, que Brunswick et Clairfait avaient obligé à un mouvement de retraite. Par la réunion de ces deux généraux, le plan du roi de Prusse fut déconcerté : il ne s'en détermina pas moins à attaquer.

Dumouriez, qui avait son quartier-général à Sainte-Ménéhould, avait fait couronner toutes les hauteurs de cette ville. Il avait placé un bataillon à Saint-Thomas, sur la droite de l'Aisne ; il poussait des détachemens jusqu'à l'Aude. Son avantgarde, qui était derrière la petite rivière de Valmy, liait son armée à celle de Kellermann, dont le centre était à Dampierre-sur-Aude. L'avant-garde de celui-ci est attaquée par l'avant-garde prussienne, et forcée de céder au nombre ; elle se replie. Kellermann, qui voit ce mouvement, envoie sa réserve composée de carabiniers et d'artillerie légère sous les ordres du général Valence, qui se déploie de Gizancourt à Valmy, et masque ainsi toute la plaine. Cette contenance ferme en impose à l'ennemi et l'arrête; Kellermann change sa position, fait descendre sa gauche jusqu'au ruisseau de l'Aube, appuie sa droite sur les hauteurs de Valmy, où il établit une batterie de dix-huit pièces de canon, et une autre pareille vers le moulin.

Pendant que l'on faisait ces dispositions, le général Fregeville renforçait Kellermann avec un corps de cavalerie. Le général Chazot conduisait neuf bataillons et huit escadrons, entre Dampierre et Gizancourt, où ils prenaient position. Beurnonville, avec sept autres bataillons, faisait un mouvement qui le mettait à même de soutenir, en cas d'événement, le corps du général Kellermann.

Un brouillard épais empêchait l'ennemi de voir nos dispositions, mais aussi il nous cachait les siennes. Les Autrichiens élevaient, sur les hauteurs de la Lune, quatre batteries; ils déployaient une artillerie de cinquante bouches à feu.

A sept heures et demie, le soleil, qui veut éclairer nos succès, dissipe le brouillard. Les armées sont en présence; rien ne peut ralentir l'ardeur des Français, ils commencent l'attaque. Le feu de l'ennemi répond au nôtre; les pièces sont servies avec la plus grande activité. A neuf heures, une nouvelle batterie se découvre en avant de la maison de la Lune : l'intrépide Kellermann marche dessus, ayant à sa droite le général Stangel, qui commande les corps détachés de Dumouriez, et à sa gauche le général Valence à la tête des carabiniers et des grenadiers. Le combat s'anime, rien ne résiste à notre ardeur, et nous croyons avoir vaincu. Mais la scène change; les obusiers de la troisième batterie ont pris une autre direction, ils portent dans nos rangs le carnage et la mort. Le feu prend à deux de nos caissons d'artillerie, dont l'explosion tue ou blesse beaucoup de monde; ce qui occasionne quelque désordre au milieu des bataillons français, et fait retirer en hâte les soldats du train.

Les munitions manquaient, le feu dut donc se ralentir : alors le général Kellermann fait avancer la cavalerie qui était en réserve. Les chariots sont placés derrière les cavaliers qui repoussent les Prussiens. Le duc de Brunswick voyant le combat rétabli, forme trois colonnes d'attaque et en fait diriger deux sur Valmy. Le général français, pour répondre à cette manœuvre, dispose aussi son armée en colonnes, et la faisant marcher par bataillons, adresse ces paroles aux soldats : *Camarades, voici le moment de la victoire; avançons sous le feu de l'ennemi, et chargeons à la baïonnette.* Les braves répondent à ce discours: *Vive la Nation! sachons vaincre pour elle.*

Déjà l'incertitude a fait place à l'enthousiasme. Les troupes chargent l'ennemi de tous côtés aux cris de *vive la nation! vive la république!* Le changement subit qui vient de s'opérer, cause aux Prussiens la plus étonnante surprise ; ils chancèlent et lâchent pied. Le duc de Brunswick, qui craint une déroute générale, pour en prévenir la honte, ordonne prudemment la retraite, et les Français victorieux restent maîtres du champ de bataille.

Dans cette affaire, qui dans la suite acquit au général Kellermann le nom de *duc de Valmy*, il eut un cheval tué sous lui ; comme les généraux, tous les officiers se distinguèrent, et les Français y acquirent la conscience de leur force. De-là naquit cet héroïsme qui enfanta des prodiges pendant vingt ans, et qui en enfanterait encore si le trône des lis ou l'indépendance nationale étaient menacés.

Bombardement de Lille.

Le duc Albert de Saxe Teschen, ne trouvant aucun corps qui s'opposa à sa marche, prit Roubaix, Tourcoing, Lannoi, s'avança sous Douai, sous Valenciennes, et, le 23 septembre, assiégea la ville de Lille ; il avait huit mille hommes de cavalerie et vingt-cinq mille d'infanterie ; mais ces trente-trois mille hommes ne suffisaient pas pour intercepter toutes les communications de cette place ; ce qui le détermina à lui faire subir un bombardement continuel, espérant, par ce moyen, que les bourgeois solliciteraient la garnison d'ouvrir leurs portes. Sur huit mille hommes qui composaient cette garnison, trois mille seulement étaient disciplinés : le général Duhoux, qui les commandait, avait pour lieutenans les maréchaux-de-camp Ruault, Lamarlière, Champmorin. Les opérations du génie devaient être dirigées par le capitaine Marescot, et l'artillerie par le lieutenant-colonel Guiscard. La garde nationale était commandée par un Lillois nommé Bryan.

Le général autrichien fit ouvrir la tranchée, qui partit d'Helemmes, sur la route de Tournai, et s'étendit par quatre zigzags jusqu'au village de Fives, dont il s'était rendu maître après un léger combat. Il n'y en eut point les jours suivans, on continua les travaux sans obstacles ; et la ligne des retranchemens environna tous les villages voisins.

La première sortie des assiégés eut lieu

le 25, mais les travailleurs ne furent point chassés de leurs ouvrages : d'autres sorties eurent lieu les 26, 27 et 28 septembre, dont le seul effet fut de retarder les travaux. Duhoux, ayant assemblé le conseil de guerre et le conseil de la commune, fit alors déclarer la ville en état de siége.

Le 29, un major autrichien vint sommer les deux conseils de donner les clefs de la place; il déclara que, si l'on accédait à sa demande, la ville serait traitée avec douceur; mais que, dans le cas contraire, elle aurait à souffrir l'incendie, le pillage et toutes les horreurs de la guerre.

Le maire de la ville, André, répondit : « *Nous venons de renouveler notre serment d'être fidèles à la nation; nous ne sommes point des parjures; nous soutiendrons la liberté, ou nous mourrons.* » Le maréchal-de-camp Ruault ajouta : « *que les habitans de Lille voulaient vivre libres ou mourir, et qu'il les soutiendrait de tous ses efforts.* » L'envoyé autrichien fut reconduit les yeux bandés, aux cris unanimes de *vive la nation! vive la liberté!* répétés mille fois.

Dès qu'il eut rendu compte de sa mission, vingt-quatre canons de gros calibre chargés à boulets rouges, tirèrent sur la ville : trois batteries ennemies lancèrent trois gerbes de feu qui la couvrirent en un instant dans toute son étendue, et ne laissèrent aucune habitation sans danger. Une grêle de bombes, d'obus et de boulets rouges portait partout la consternation et la mort. L'incendie se manifesta avec violence dans le quartier St-Sauveur : les casernes de Fives et l'église de St.-Etienne furent aussi la proie des flammes. Cette scène d'horreur et de carnage dura sans discontinuer cinq jours et cinq nuits. La première nuit fut terrible à passer pour les habitans; mais à l'aspect du jour, leur abattement et leur frayeur diminuèrent ; enfin *ils élevèrent leur courage à la hauteur de leur situation, et dans ce grand désastre rien désormais ne put leur paraître impossible.*

Les Lillois ne forment plus qu'un peuple de frères tous unis pour la défense commune. La famille dont l'habitation est embrasée trouve de suite un autre asile. Des femmes, sur qui la timidité de leur sexe n'a plus d'empire, des enfans que l'exemple de leurs mères encourage, courent sur les bombes à l'instant où elles sont tombées pour en arracher les mèches et les empêcher d'éclater.

Des hommes armés de grandes cuillers de fer fabriquées exprès, vont dans les maisons où tombent les boulets rouges, les saisissent avec la plus grande dextérité et les jettent dans les ruisseaux. Tandis que des canonniers et des gardes nationales font leur service sur les remparts, on les avertit que leurs maisons brûlent ; ils répondent sans s'émouvoir qu'ils ne peuvent quitter leur poste, et ce n'est que lorsqu'ils sont remplacés qu'ils s'occupent du soin de leurs propriétés.

L'ennemi fatigué, donnait aux assiégés quelques momens de repos ; le feu était ralenti, mais il reprit avec plus de force dans la journée du 3 octobre, et l'on prétend que ce fut d'après un ordre donné par un grand personnage, qui venait d'arriver au camp autrichien. Cependant, le 5 octobre, le feu se rallentit de nouveau, et les foudres de l'ennemi, en tombant sur les débris fumans de la ville, n'offraient plus que des cailloux et des barres de fer.

A la nouvelle de nos exploits en Champagne, le duc Albert prit le parti d'abandonner son entreprise; le 7 il exécuta un mouvement de retraite sur Tressin, et les braves Lillois délivrés se livrèrent encore à la joie, croyant qu'on ne pouvait acheter par trop de sacrifices l'indépendance de sa patrie.

Retraite des Prussiens.

Après avoir perdu la bataille de Valmy, le duc de Brunswick se trouvait dans une position un peu critique, ayant derrière lui le général Dillon avec trente mille combattans, et devant lui l'armée de Kellermann portée à plus de 60,000 ; des bataillons de gardes nationaux accouraient de toutes parts pour lui couper la retraite ; les vivres qu'il faisait venir de Verdun arrivaient difficilement à cause des longs détours qu'il fallait prendre, et la dyssenterie causait d'horribles ravages dans son armée.

Le général prussien voyait toute la France levée contre lui ; ce n'était plus le moment des menaces ; il fallut quitter ce fier langage avec lequel il avait voulu nous faire trembler : il déclara qu'il renonçait à tout projet de conquête, et se retira sur Verdun ; mais il perdit en douze jours de marche la moitié de son armée.

A peine les débris de cette armée rentraient-ils dans la ville, que Dillon, arrivé sur ses derrières, envoya un parlementaire. Le roi de Prusse demanda trois jours pour évacuer la place, et le 14 octobre, Dillon, avec les troupes qu'il commandait, prit possession de Verdun au nom de la république française.

Deux jours après, les Autrichiens abandonnèrent aussi Thionville qu'ils avaient assiégée en vain. Félix Wimpfen, qui commandait dans cette ville, après un bombardement de plusieurs jours, répondit à ceux qui le sommaient de se rendre : *On peut brûler la ville, mais du moins on ne peut brûler les remparts.*

Les Autrichiens, que cette réponse énergique avait piqués, tentèrent une attaque générale ; mais une sortie faite à propos par les assiégés, rompit toutes leurs mesures : leurs travailleurs furent égorgés, et leur camp rempli de carnage. Une seconde sortie, effectuée avec autant de courage, eut autant de succès, et fit tomber entre les mains des habitans de Thionville les immenses magasins que contenait le camp de Richemont.

Désespérant d'enlever cette ville par la force, on essaya la trahison ; un million fut offert au brave commandant : « J'ac-
» cepte cette somme, répondit Wimp-
» fen à l'envoyé chargé de le corrompre ;
» mais je veux, ajouta-t-il en riant, que

» le contrat de donation soit passé par-
» devant notaire. »

Wimpfen, toujours enveloppé par l'armée ennemie, demande des hommes de bonne volonté pour aller à Metz chercher du secours. Trois hussards se présentent : ils partent à bride abattue et traversent les lignes autrichiennes ; deux sont tués, le troisième, couvert de blessures, a la gloire d'arriver à Metz avec son ordre.

Les Autrichiens n'attendirent point l'arrivée de ce secours, ils se retirèrent à la nouvelle des revers qu'éprouvaient partout les troupes coalisées. Longwy restait en leur pouvoir ; elle rentra, le 20 octobre sous les drapeaux français. Ainsi se terminèrent les exploits de cette armée prussienne qui devait envahir la France et anéantir Paris.

Dans le temps que Custines venait d'être battu par les Prussiens, ceux-ci se présentèrent devant Kœnigstein, où commandait le capitaine Meunier. Un parlementaire vint sommer la place de se rendre ; alors l'intrépide commandant s'adressant à sa garnison, composée de quatre cents hommes, lui dit : « *Camarades, si vous imitez mon exemple, nous défendrons Kœnigstein tant qu'un seul de nous restera en vie ; mais si je vous trouve faibles, c'en est fait de ma vie : répondez-moi.* » En parlant ainsi, il appuyait ses deux pistolets sur sa poitrine. La garnison électrisée s'écrie d'une voix unanime : *Vaincre ou mourir!* Alors Meunier dit au parlementaire : *Allez reporter à votre maître ce que vous venez de voir et d'entendre : voilà ma réponse.*

Le même Meunier défendit depuis, avec huit cents hommes, Cassel assiégée par une armée de cinquante mille ; mais un jour il fut reconnu dans une sortie ; et comme on avait *bravement* dirigé contre lui plusieurs pièces, un éclat lui blessa la jambe. L'amputation ayant été jugée nécessaire, il survint une inflammation qui produisit la gangrène : ainsi périt celui qui passait alors pour le plus brave des officiers de l'armée à laquelle sa mort causa un deuil général.

ANNÉE 1793.

Siége mémorable de Valenciennes.

Les troupes de la coalition, qui venaient de se réunir autour de Condé, avaient poussé des reconnaissances assez loin : un avant-poste, qui se trouvait à portée du canon de Valenciennes, donna des craintes à la ville. On tint un conseil où se trouvèrent réunis un grand nombre de magistrats, plusieurs généraux et cinq commissaires de la convention. Dans ce conseil, la ville fut déclarée en état de siége, et l'on chargea de sa défense le général Ferrand, qui, à soixante-douze ans, possédait une ame de feu et toute l'énergie de la jeunesse. Ce brave avait, pour soutenir ses nobles efforts, une garnison de dix mille hommes, que sa valeur a immortalisé. Deux représentans du peuple restèrent dans la ville.

Toutes les écluses furent mises en état; une grande inondation fut préparée en arrêtant l'Escaut dans son cours; on s'occupe des mines, des pallissades et des blindages; et comme l'ennemi faisait, de son côté, les plus grands préparatifs, l'activité de nos travailleurs doublait en raison de la sienne. Le 24 avril il somme le village de Marly de se rendre à discrétion ; mais le général Beauregard, qui sait mieux se battre que capituler, n'en sort qu'après un combat opiniâtre qui dura cinq heures, emmenant ses canons qu'il rentra dans la ville.

Les habitans, qui, pour la plupart, étaient mal disposés pour la république, se virent bientôt inquiétés par le grand parc de l'ennemi. Le général chargé des travaux du siége, préparait tout pour le bombardement. On venait d'ouvrir une tranchée depuis Saint-Sauve jusqu'au côté de la place, à droite du bas Escaut, et une autre qui partait du pied de la hauteur du Rouleur, et gagnait l'ouvrage à corne de Mons. Toutes ces dispositions exaspéraient les esprits.

Le duc d'Yorck, qui se trouvait au siége, à la tête d'une colonne anglaise, fit sommer la place de se rendre : pour réponse, on remit au trompette une copie du serment que les autorités avaient prêté quelques jours auparavant. Par ce serment, elles s'engageaient à ne capituler qu'à la dernière extrémité.

Dès que le prince connut cette résolution, il fit commencer le bombardement. Quelques boulets tombèrent d'abord dans la ville ; mais bientôt tous les quartiers se trouvèrent exposés à un feu horrible : ceux de Tournai et de Cambrai eurent beaucoup à souffrir, et l'incendie s'y propagea avec une rapidité effrayante. Ce fut alors qu'une populace furieuse, réduite au désespoir, insulta les commissaires de la convention, qui, peut-être, auraient couru de grands dangers sans l'intervention des soldats, aussi humains que braves, qui, par un dévouement sublime, suppliaient ceux qu'ils défendaient de rester calmes. Pour faire quelque chose qui soit agréable aux bourgeois, ils leur cédèrent les casemates, les souterrains, et loin des quartiers où, après tant de fatigues ils devaient se livrer au repos avec quelque sécurité; ils couchèrent au bivouac exposés au feu de l'ennemi, qui, par une barbarie inconnue jusqu'alors, lançait plus de bombes sur les bâtimens incendiés, pour ne pas laisser aux malheureux habitans le temps de l'éteindre. Une sortie fut tentée le 17 mai; mais elle n'obtint aucun résultat satisfaisant.

Le matin du 18, cinquante-sept milliers de poudre sortirent des magasins de la place. Les hauteurs de Marly, du Rouleur et de Saint-Sauve, ressemblaient à des volcans qui vomissaient sur la ville, au milieu de leurs laves brûlantes, la terreur et la mort. Ces supplices prolongés, qui remplissaient les citoyens d'effroi, ne pouvaient abattre le courage invincible des soldats.

Cependant le général anglais, qu'une si longue résistance irritait, n'avait bientôt plus de munitions; il en était réduit à lancer sur la ville les pavés des villages et les pierres des grandes routes. Pour ne pas perdre le fruit de tant d'efforts, il jugea qu'une attaque générale était indispensable : en conséquence, le 25, à dix heure du soir, un mouvement général se fait autour de la place; toutes les batteries tirent à la fois; mais l'ouvrage à cornes de Mons est le point où l'ennemi rassemble le plus de force. Deux places de cinquante hommes chacune, sautent par l'effet de trois globes de compression. La brèche que ce déchirement vient d'ouvrir, ouvre une vaste issue à l'ennemi, qui s'y précipite en foule. De tous côtés on entend ce cri affreux : *Mort aux patriotes.*

Dans ce désordre épouvantable, le général Ferrand se précipite au milieu de la mitraille, et suivi des régimens qui volent à son secours, il parvient à faire reculer les Anglais et les Autrichiens, qui se bornent à défendre et conserver l'ouvrage à cornes.

Le soldat français conservait toujours son courage; mais ces cris de mort, qui s'étaient fait entendre, lui inspiraient une juste défiance; il se crut trahi, et ne montra plus qu'une obéissance passive, pour ne point s'écarter d'une discipline sévère. Alors un trompette, portant un drapeau blanc, vint présenter au général Ferrand une dépêche du duc d'Yorck. Il fut introduit dans le conseil, dont la salle fut bientôt entourée d'une foule furieuse, demandant à grands cris et avec menaces, une capitulation.

Une suspension d'armes demandée, fut accordée par l'ennemi, qui, le lendemain, prit possession des postes extérieurs. La garnison, réduite à trois mille hommes, évacua la place le troisième jour.

Après la capitulation, on vit une chose étonnante. Des cavaliers bourgeois, qui n'avaient point paru pendant le siége, parcouraient les rues le sabre à la main, faisaient caracoler leurs chevaux sur les places publiques, et arrachaient la cocarde nationale (alors) à ceux qui, par inadvertance, ne l'avaient point encore ôtée.

Le bombardement avait duré quarante jours ; il avait coûté à l'armée française près de sept mille hommes ; mais elle en avait tué à l'ennemi dix-huit ou vingt mille.

Les alliés employèrent à ce siége deux cents mille boulets, quarante-deux mille bombes et trente mille obus. Des rues entières n'offraient plus que de monceaux de cendres et de débris. On ne retrouvait plus au milieu des ruines nulle trace de chemins. Les brèches faites aux fortifications étaient si larges, que des escadrons de cavalerie pouvaient y passer. Honneur ! trois fois honneur aux braves qui eussent vaincu, si, comme à Lille, ils eussent été secondés par la population entière !

Fière réponse du général Declaye.

Les défenseurs de Cambrai furent plus heureux que ceux de Valenciennes. Cette ville fut attaquée le 7 août 1793. Le général Declaye qui y commandait, reçut du commandant de l'avant-garde autrichienne la lettre suivante :

« Monsieur,

» Nous avons investi Bouchain, tous
» vos camps, tous vos postes sont en
» notre pouvoir : vous n'avez qu'un parti
» à prendre, c'est de recevoir une capi-
» tulation honorable que le général en
» chef m'envoie vous offrir. Il vous reste
» à décider si vous voulez livrer la ville
» où vous commandez à toutes les hor-
» reurs dont Valenciennes vient d'être
» victime, ou sauver les propriétés des
» habitans et la garnison, en vous rendant
» aux justes propositions que l'on consent
» à vous faire. »

Le brave Declaye répondit en ces termes :

« *Dites à votre maître que je sais bien me battre, mais que je ne sais pas me rendre.* » Il tint parole. Plusieurs sorties heureuses, exécutées avec une intrépidité extrême, lui procurèrent des vivres dont il manquait. Il battit constamment les Autrichiens, et les chassa le 9 de leurs tranchées. Le 11, le siége fut levé.

Les Anglais chassés de Toulon.

Les Toulonnais, pour se soustraire à la domination des jacobins, avaient livré leur ville et leur port aux Anglais. L'amiral Hood avait hautement proclamé qu'il n'en prenait possession qu'au nom des Bourbons, et dans l'intention de punir des factieux : cependant, dès qu'il fut maître de Toulon, il changea de langage; et pour en assurer la possession à l'Angleterre, il fit élever de nouvelles redoutes, réparer les fortifications, et jeta des garnisons dans les petits forts qui entourent la ville du côté de la terre : et ce qui parut confirmer ses intentions, c'est l'opposition qu'il mit au départ d'une députation que les habitans royalistes voulaient envoyer à S. A. R. Monsieur (1), comte de Provence, afin de le prier de venir dissiper toutes les incertitudes par sa présence. Cette conduite, qui semble expliquer celle du souverain étranger qui faisait apposer ses armes sur les portes de Valenciennes et de Condé, menerait à bien des réflexions, mais nous nous les sommes interdites.

Le brave général Dugommier, déjà illustré par plusieurs victoires remportées sur les Espagnols, fut chargé d'arracher Toulon des mains de l'insulaire qui, profitant de nos dissensions politiques, espérait de pouvoir s'approprier une si belle proie. Le général Cartaux, qui l'avait précédé, avait déjà fait quelques dispositions. Beaucoup de matériaux étaient prêts, mais il fallait les mettre en œuvre.

Le blocus n'était pas complet : les as-

---

(1) S. M. Louis XVIII.

siégés étaient maîtres des monts de Brun et de Pharon, et des hauteurs de Malbousquet. Dugommier disposa sur-le-champ son armée en deux colonnes, dont l'une occupait tout l'espace compris entre le fort Malbousquet et la Petite-Rade ; et l'autre s'étendait depuis la montagne de Pharon jusqu'au fort Lamalgue. L'officier du génie Marescot était chargé des opérations du siége. La manière dont il les dirigea lui fit le plus grand honneur.

Ce fut devant les remparts de Toulon que commença la réputation colossale de ce soldat audacieux que l'Europe a vu pendant vingt ans dicter des lois à ses maîtres, mais qui, semblable à la statue que Nabuchodonosor vit en songe, n'avait pour soutenir son immense pouvoir que des pieds d'argile.

Bonaparte, alors chef de bataillon, commandait en second l'artillerie républicaine. Ce fut lui qui établit des batteries provisoires pour abattre les ouvrages avancés de l'ennemi. On commença le 28 novembre à canonner le fort Malbousquet, qui riposta d'une manière très-vigoureuse.

Cette batterie, qui la première foudroya l'ennemi, était élevée sur la hauteur des Arènes. Comme cette position était très-avantageuse, il résolut de s'en emparer; et, le 30 novembre, une colonne de 6000 hommes, sortie sans bruit de la ville, vint l'attaquer. Cette attaque imprévue jette l'épouvante au sein des bataillons. Les soldats se déconcertent et fuient en désordre; mais Dugommier, à qui le bruit de la fusillade apprend que l'ennemi a fait une sortie, se hâte d'accourir; il arrête les fuyards, auxquels il adresse les plus grands reproches. Ces guerriers, honteux, rougissent devant leur général d'avoir pu douter un instant de la possibilité de vaincre les Anglais; ils retournent à la charge, et, soutenus par divers renforts, ils opèrent des prodiges de valeur. Les Anglais, saisis d'épouvante à leur tour, lâchent pied et sont repoussés du terrain qu'ils avaient occupé et qu'ils laissent jonché de leurs morts. Ils abandonnèrent aussi un grand nombre de prisonniers, et furent se mettre à couvert sous le fort Malbousquet, qui, par les soins qu'on mettait à le fortifier, devenait chaque jour plus formidable.

Une redoute appelée la *Redoute-Anglaise*, par les Toulonnais et par nos soldats, le *Petit-Gibraltar*, était tellement fortifiée, qu'elle donnait de vives inquiétudes. Le général Dugommier, accompagné des commandans Marescot et Bonaparte, alla la reconnaître le 14 décembre. On arrêta que, le lendemain, tandis que les batteries recommenceraient leur feu avec plus d'ardeur encore, une forte colonne attaquerait de front la redoute anglaise, et deux autres colonnes tiendraient en échec les forts Malbousquet et Saint-Antoine.

Toutes les dispositions furent prises pour une attaque générale, qui n'eut lieu que le 17 à une heure du matin. La redoute anglaise fut attaquée par deux divisions déterminées à vaincre. Malgré des fossés profonds, des palissades nombreuses, des épaulemens d'une élévation extraordinaire, des batteries bien distribuées et servies avec la plus grande activité ; malgré les boulets et la mitraille qui renversent les assiégeans, ceux-ci reviennent à la charge avec plus d'ardeur ; ils arrivent jusqu'aux embrasures et se jettent sur le plateau au moment où le canon revenait sur eux-mêmes : c'est alors que les assiégeans et les assiégés prennent une attitude terrible, et que le combat devient encore plus meurtrier.

Les guerriers des deux nations sont transportés d'une égale fureur : les coups qu'ils se portent sont mortels. Nos soldats repoussés par une fusillade partie de la seconde enceinte, jurent d'emporter la redoute ou de mourir, et retournent à la charge : enfin ils sont une seconde fois maîtres de l'épaulement, les canonniers anglais sont égorgés sur leurs pièces, et le drapeau de la république est arboré sur la terrible redoute.

Le général Dugommier, à la tête de ses

bataillons, emporta lui-même les forts de l'Eguillette et de Balagnier. Ces succès furent suivis d'autres succès plus importans encore. Les forts de la Croix-Faron et de Leidet furent emportés par le général Lapoype. Les généraux Mouret et Garnier prirent à l'ennemi le fort des Poucets, la redoute Saint-André, le redoutable fort de Malbousquet et le camp Saint-Elme.

Ce fut dans l'une de ces affaires que Bonaparte se fit remarquer des conventionnels Barras et Fréron. Il paraissait intrépide et calme au milieu des plus grands dangers. Resté presque seul de sa compagnie, il avait saisi le fouloir des mains d'un canonnier expirant : on le voyait, nageant dans le sang des braves morts autour de lui, charger, fouler, pointer sa pièce et lancer le trépas au sein des bataillons d'Angleterre, faisant lui seul ce qu'auraient fait ses soldats s'ils n'eussent été atteints des éclats de la foudre.

La ville était dans une consternation épouvantable, les assiégés ne s'entendaient plus. Quelques Toulonnais étaient d'avis que l'on résistât jusqu'à ce que l'ennemi parût sur la brèche, quant les Anglais, déjà déterminés à fuir, mirent le feu aux magasins, à l'arsenal et aux vaisseaux qu'ils ne pouvaient emmener; mais, à la honte éternelle de ces alliés peu généreux, des forçats arrêtèrent les progrès de l'incendie. Les chefs du parti royaliste cherchèrent leur salut sur les vaisseaux de l'étranger; quelques-uns périrent dans les flots en essayant de les atteindre à la nage, et l'armée française entra dans la ville le 19 au matin.

Le trait qui suit fera connaître la prudence et l'humanité du vainqueur de Toulon. Il eût été impolitique de pousser au désespoir les habitans qui avaient pris part à l'insurrection, en ne leur offrant d'autre perspective que la mort. Le courageux Dugommier prit hautement leur défense devant les commissaires de la convention; le pardon, dans cette circonstance, lui paraissait essentiellement nécessaire. « *Qui prétendez-vous punir*, demanda-t-il aux proconsuls ? *Les coupables ont fui sur la flotte anglaise, et s'il en reste dans ces murs, attendez pour les frapper que le calme soit rétabli : si vous précipitez le jour de la justice, la France et l'Europe entière ne voudront plus reconnaître que la vengeance.* »

Les conseils que contenait ce discours étaient trop sages pour être suivis par des hommes qui auraient cru leur existence compromise, s'ils n'eussent tenu la hache révolutionnaire constamment suspendue sur la tête de leurs ennemis ; ce n'est point pour eux qu'est la gloire, elle est toute pour nos braves.

Manière dont le général Hoche punissait les braves qu'il commandait.

Aux approches d'une saison rigoureuse, les soldats de l'armée que commandait le général Hoche demandaient un camp d'hiver et des barraques. Pour quelques raisons qu'il ne crut pas devoir leur faire connaître, le général refusa de se rendre à leurs désirs ; mais comme il apercevait quelques symptômes de mutinerie, il déclara que le régiment qui avait le premier manifesté son mécontentement, *n'aurait pas l'honneur de marcher le premier au combat.* Cette menace consterna les soldats, au point qu'ils vinrent tous, les larmes aux yeux, solliciter la faveur de marcher à l'avant-garde. On se doute bien que le général éprouve un grand plaisir à leur pardonner, et bientôt ces braves vont venger sur l'ennemi leur honneur, qu'une menace d'un genre si nouveau semblait avoir blessé.

Les Prussiens s'étaient fortifiés sur les hauteurs de Werdt et de Freschweiller ; un grand nombre de bouches à feu gardaient les redoutes. Le général Hoche s'écrie, en parcourant les rangs : « Cama- » rades, à 600 livres pièce les canons » prussiens ! » *Adjugé !* répondent les soldats ; puis ils courent sur les canons la baïonnette en avant : c'est en vain que l'artillerie ennemie exerce d'horribles ravages, rien ne peut arrêter l'ardeur des Français. La première ligne des redoutes est rompue, les seconds retranchemens sont enlevés, et l'on commence à combattre avec cette arme qui nous est si familière. Une de nos colonnes qui débouche sur la gauche force l'ennemi à changer son plan de défense; il affaiblit son centre, et bientôt il voit ses derniers retranchemens envahis.

Dix-huit canons et vingt-quatre caissons sont les trophées de cette journée. Les soldats traînent les canons aux pieds de leur général, qui les leur paie au prix qu'il y avait mis lui-même avant le combat.

Les Prussiens, vivement poursuivis par nos cavaliers et nos hussards, s'arrêtent sur une position qui leur donne un moment l'avantage; mais une charge des dragons accourus au secours de notre cavalerie les culbuta. On leur prit encore six pièces de canon et 1200 prisonniers.

Landau délivré.

De plus grands événemens se préparaient sous les murs de Landau. Les alliés faisaient depuis quelque temps le blocus de cette place; et comme leur position dans les lignes de Weissembourg était formidable, nous avions tenté en vain d'y porter des secours.

Le brave Gilot commandait la place au nom de la république; il avait déjà eu plusieurs conférences avec le général Wurmser : mais esclave de ses sermens, il avait juré de périr sous les murs de Landau plutôt que d'accepter les propositions d'un ennemi dont il croyait avoir lieu de suspecter la bonne foi.

Les sentimens de ce chef intrépide étaient partagés par les soldats de la garnison, qui répondaient par des cris de joie aux appels qu'il faisait à leur bravoure. Le mal qu'il fit aux Prussiens dans plusieurs sorties, leur prouva que les assiégés n'étaient pas sans ressources, et qu'ils devaient s'attendre à la plus vive résistance.

Cependant Gilot fut remplacé par le général Laubadère; on avait besoin de ses talens et de son patriotisme ailleurs. Le prince royal de Prusse, qui se trouvait alors à la tête d'un corps de sa nation, sous Landau, fit bombarder la ville pendant deux jours. L'arsenal fut incendié; le magasin à poudre sauta. Cette explosion entraîna la ruine d'un grand nombre de maisons.

Croyant les habitans intimidés, on leur proposa d'autres conditions. Le prince de Hohenlohe se présenta lui-même dans la place. Admis au conseil, il y fit preuve d'éloquence; mais tous ses efforts furent vains, il ne persuada personne. Laubadère montra autant de fermeté que Gilot; les alliés, désespérant de réussir, firent cesser le bombardement et s'en tinrent au blocus, qui fut resserré plus que jamais; ce qui ôtant à la ville toute communication, lui fit éprouver la plus horrible famine.

Pourtant le général Hoche cherchait tous les moyens de secourir les assiégés : il y serait parvenu plus tôt sans la jalouse opposition des commissaires conventionnels, qui, le plus souvent dépourvus de talens militaires, voulaient commander aux généraux.

Hoche, nommé enfin général en chef de l'armée du Rhin et de la Moselle, fait attaquer l'ennemi sur toute la ligne. Les soldats qui marchent sur Weissembourg apprennent, au moment de l'attaque, que les Anglais sont chassés de Toulon. C'est alors que, dans un élan de patriotisme, *ils jurent de ne pas céder en valeur à leurs frères qui combattent au midi, et de repousser les Prussiens loin de Landau.*

Leur premier effort est dirigé sur le château de Geisberg ; le régiment de dragons de Toscane, qui le défend, est taillé en pièces. L'artillerie se fait entendre sur toute la ligne, et le camp de Geisberg, malgré ses fossés et ses palissades, est enlevé au pas de charge. Les Autrichiens, à qui ses retranchemens servaient d'abri, abandonnent leur artillerie et leurs caissons, et fuient dans le plus grand désordre. Un corps considérable d'Autrichiens ne dut son salut qu'au duc de Brunswick et à ses prussiens qui le protégèrent ; et comme ceux-ci s'en glorifiaient peut-être un peu trop, les Autrichiens les accusèrent d'avoir les premiers quitté leurs postes et causé la déroute.

Le 27 septembre, Landau ouvrit ses portes et reçut ses libérateurs : il serait difficile de peindre la vive émotion qu'éprouvaient, et les habitans qui avaient déjà ressenti les horreurs de la disette, et les soldats de la garnison, qui embrassaient leurs frères d'armes et célébraient avec eux, par des chants d'allégresse, le triomphe des armées de la république.

ANNÉE 1794.

Les recrues françaises aux prises avec les vieux soldats espagnols.

Des ennemis, que nous avions alors à combattre, les Espagnols n'étaient pas les moins redoutables, et le général Ricardos avait quelquefois prouvé qu'il était digne d'avoir pour adversaires des hommes tels que Dugommier et les braves généraux qui commandèrent après lui.

Comme parmi les innombrables traits de bravoure des Français, nous ne nous sommes engagés à citer que les plus éclatans, nous n'avons pas cru devoir omettre celui qui va suivre.

Un camp composé de nouvelles recrues avait été établi sous les murs de St.-Jean-de-Luz. Ce camp inquiétait beaucoup les Espagnols; car ces jeunes soldats, exercés sous les yeux de l'ennemi, apprenaient à ne pas le redouter. A l'ombre de leurs retranchemens, ils s'instruisaient au métier des armes, et ne se trouvaient engagés que dans des combats qu'ils pouvaient soutenir. Trois redoutes défendaient ce camp, que l'on appelait le camp des *Sans-Culottes*.

A la suite de plusieurs escarmouches tentées inutilement, le général espagnol Caro, d'après la décision de son conseil, dispose son corps d'armée sur plusieurs colonnes, et marche sur le camp français. L'attaque a lieu sur trois points à la fois, le poste du Calvaire, celui d'Urugne et celui de la Croix-aux-Bouquets. C'est la division qui arrive à ce dernier poste qui commence la canonnade.

Des soldats détenus pour différentes fautes au fort de *Chauvin-Dragon*, entendant le premier coup de canon, paraissent douloureusement affectés de ne pouvoir partager les périls et la gloire de leurs camarades. Ils demandent la liberté d'aller combattre ; on la leur accorde, et ils opèrent des miracles ; rien ne résiste à leur valeur héroïque.

Nous avons dit que ces soldats étaient des recrues; beaucoup d'entre eux venaient d'arriver, et n'avaient point encore d'armes : ils saisissent toutes celles que leur fournit la fureur, et volent sur l'ennemi avec la même intrépidité que des vétérans blanchis sous les armes.

Aux premiers coups de l'artillerie, un peu de désordre s'était manifesté dans le camp. L'ennemi, profitant de cette circonstance, eût pu fondre sur nos retranchemens et les forcer; mais la lenteur des Espagnols donna le temps au général Frégeville de prendre toutes ses dispositions. Il savait combien les assaillans lui étaient supérieurs en nombre, et l'habile général donna l'ordre à ses avant-postes de se replier.

Les Espagnols trompés par cette feinte, et déjà remplis de l'orgueil d'un succès qu'ils ne devaient pas obtenir, se portèrent sur la redoute *de la Liberté*, comme s'ils n'avaient plus qu'à faire mettre bas les armes à une garnison rendue; mais quel fut leur étonnement lorsqu'ils virent leurs régimens entiers écrasés par notre artillerie. Le général Lespinasse qui commandait cette armée, fit preuve d'habileté et de courage : il pointa lui-même plusieurs pièces et donna constamment ses ordres au milieu des boulets et de la mitraille.

Plusieurs beaux traits signalèrent les braves qui participèrent à cette action. Un caporal du premier bataillon de la cinquième demi-brigade d'infanterie légère est fait prisonnier par quatre espagnols. Tandis qu'ils le conduisent, il saute sur la baïonnette de l'un de ses vainqueurs, le tue, en étend deux autres à côté de lui, et ramène le troisième au camp.

Un sergent du deuxième bataillon du Tarn, tombe percé d'une balle de fusil, et dit à ses camarades qui s'empressaient de voler à son secours : *La patrie avant moi : retournez à l'ennemi.* Ce brave se nommait Dougagos.

Cependant le combat continuait avec un acharnement sans exemple. Les Français étaient déjà rentrés dans plusieurs postes ; un adjudant-major du 4ᵉ. bataillon des Landes marchait pour reprendre celui de la Mazure que l'ennemi venait d'occuper ; quand il se trouve atteint d'une balle qui lui traverse la cuisse : il ne sent sa douleur que lorsque le poste est enlevé, et refuse néanmoins deux soldats que le chef de bataillon lui offrait pour le conduire. *Commandant*, dit-il, *je m'en irai comme je pourrai ; ces hommes vous sont nécessaires pour le combat.*

Les Espagnols battus sur tous les points se retirèrent après huit heures de combat, abandonnant plusieurs pièces de canon, beaucoup de prisonniers, et laissant le champ de bataille couvert de leurs morts. Garantis par nos retranchemens, nous éprouvâmes une perte bien moins grande.

Quelle surprise dut causer à des troupes aguéries l'aspect de ces jeunes enfans de Mars, qui, sans expérience, débutaient dans la carrière militaire par des triomphes, et dans les élans de leur bouillant patriotisme, mettaient en défaut la tactique des vieux guerriers, plaçant la patrie qu'ils adoraient au centre de cette gloire qui la fit respecter de tous ses ennemis.

Il est plus facile de nous menacer que de nous vaincre.

Lorsque les coalisés eurent Landrecies en leur pouvoir, ils formèrent contre le général Pichegru un plan d'attaque qu'ils appelèrent *plan de destruction*, car il ne s'agissait de rien moins que d'exterminer l'armée française.

Cependant les événemens les plus glorieux terminèrent cette campagne, et la plupart de nos généraux, à la bataille de Tourcoing, se couvrirent d'immortels lauriers. Là, ces étrangers qui nous avaient trop méprisés, reconnurent que les Français pour vaincre n'avaient pas toujours besoin d'un général en chef.

Les alliés avaient quatre-vingt-dix mille hommes, nous n'en avions que soixante mille. Le combat dura long-temps, et le sang coula en abondance. Le carnage et la mort planèrent dans tous les rangs; aucun corps ne fut ébranlé par cette masse redoutable; enfin après une perte immense l'ennemi rétrograda, et les Français tous rayonnans de gloire entrèrent à Tourcoing.

Les généraux vaincus sont l'archiduc Charles, le duc d'Yorck, Kinski, Wurmser et Clairfait; les généraux vainqueurs: Bonneau, Souham, Macdonald et Moreau. Ce dernier, jeune encore, vit commencer dans cette journée cette réputation militaire qui le plaça au rang des premiers capitaines du siècle.

Ce fut quelques jours après que le fort Saint-Elme fut attaqué par l'armée des Pyrénées-Orientales. Des batteries furent portées à bras à travers des rochers et des précipices. Les pièces furent pointées et servies avec tant d'adresse, que bientôt les fortifications ne furent plus qu'un monceau de ruines. Alors l'ennemi abandonna ses retranchemens et se retira dans Collioure, qui, au bout de quelques jours, se rendit à l'armée de la république.

Ce fut après la prise de Collioure que le roi de Prusse écrivit à l'empereur d'Autriche cette lettre remarquable :

« *Il est impossible de sauver votre territoire de l'invasion : les Français ont des armées toujours renaissantes ; et ne vous y trompez pas, leurs généraux ont une bonne tactique qui déconcerte la nôtre et la met toujours en défaut.* »

Année 1795.

Bataille de Fleurus.

Cette bataille, qui sera à jamais célèbre dans les fastes militaires, fut donnée le 26 juin 1794.

Après la reddition de Charleroi, l'armée française, commandée par le général Jourdan, avait pris en avant de cette ville une position qui lui assurait la victoire; elle n'était forte que de soixante-dix mille hommes, mais soutenue par une artillerie nombreuse et bien exercée. En revanche, l'armée des alliés était plus considérable que la nôtre, et leur cavalerie mieux montée.

Les deux ailes de l'armée française étaient appuyées à la Sambre et son centre au bourg de Gosselies. La division du général Marceau s'étendait de Wanfersée à Veline; celle de Lefebvre sur la gauche de Fleurus, celle de Championnet au-delà d'Hépignies. La réserve formée par la division d'Hatry était à la Ransart, le général Dubois commandait la cavalerie qui devait se porter partout où sa présence serait nécessaire.

Le centre de l'ennemi était le long de la chaussée des Romains; sa gauche appuyée sur les hauteurs de Boigne; sa droite partait d'Herlaincourt sur Auderlues.

Cinq divisions principales dont se composait cette armée, étaient commandées, la première, par le prince d'Orange ; la deuxième par le général Quosdanowisch, la troisième par le prince de Kaunitz, la quatrième par le prince Charles, et la cinquième par le général Beaulieu : le prince de Cobourg en était le général en chef.

Le 26, au lever de l'aurore, la canonnade se fit entendre et l'action s'engagea. Le village d'Auderlues fut d'abord emporté par le prince d'Orange, qui pénétra jusqu'au château de Wesp : ce fut en vain qu'il s'avança jusqu'à nos batteries et ordonna à ses troupes de les enlever. Une décharge de mitraille exécutée à demi-portée, renversa des rangs entiers et le força à changer son commandement, qui devint inexécutable par l'intrépidité de nos artilleurs.

Attaquée avec impétuosité par une colonne autrichienne, la division Montaigu avait éprouvé un désavantage marqué. Les premières lignes de l'ennemi gagnaient du terrain sur les Français. Il y avait déjà trois heures que l'on se canonnait et la cavalerie envoyée à leur secours n'avait pu que protéger leur retraite sur Charleroi.

Dans ce moment, les coalisés étaient maîtres du bois de Mouceaux, de Fourchies et du château de la Marche. Vers les deux heures ils furent attaqués dans le bois par les divisions de Bernadotte et de Kléber : ce dernier fit placer des batteries qui firent taire leur artillerie. Cependant plusieurs escadrons de la division Championnet étaient repoussés par l'avant-garde du prince de Kaunitz.

Les Français se retirèrent sur les hauteurs d'Hépignies ; la division Lefebvre, qui voulut s'opposer au corps que commandait le prince Charles, éprouva aussi quelques pertes, mais bientôt elle prit position en avant de Lambusart : alors, immobile comme un mur d'airain, elle soutint le choc de l'infanterie et de la cavalerie autrichienne.

Ralliés derrière ce rempart, tous les corps se précipitent avec fureur au-devant de la mitraille, quand tout-à-coup des caissons, embrasés par le choc d'une bombe, éclatent avec fracas. Enveloppés de flammes et de fumée, des bataillons épouvantés demandent la retraite. Lefebvre, avec une voix de *Stentor*, s'écrie: « *Point de retraite quand nous pouvons vaincre! Non, point de retraite aujourd'hui.* »

Ces paroles retentissent dans tous les rangs ; les soldats reviennent à la charge, et le général Beaulieu se voit forcé de faire un mouvement rétrograde. Les soldats, que ce léger succès encourage, répètent de tous côtés, *point de retraite aujourd'hui ;* et ce cri devient le signal de la victoire : partout en le poussant ils font des prodiges : le prince de Cobourg est tellement étonné de cet enthousiasme, qu'il se retire et laisse le champ de bataille aux républicains. Des canons et des drapeaux furent les trophées de cette journée, dans laquelle l'ennemi perdit 14 ou 15 mille hommes.

Cette victoire, due d'abord à la prise

de Charleroi, facilita la seconde conquête de la Belgique. C'est là que, pour la première fois, les aérostats furent employés comme moyens militaires. La veille, le général en chef Jourdan, monté dans une de ces frêles machines, y fit ses reconnaissances et ses dispositions pour le lendemain, malgré les boulets que l'ennemi ne cessait de lui lancer.

On raconte à ce sujet un fait assez plaisant : Quelques corps autrichiens surpris à la vue du ballon, furent saisis d'épouvante quand on leur dit que cette machine portait des soldats français ; l'un d'eux s'écria avec effroi : *Carmagnole* (1) *par devant, carmagnole par derrière, carmagnole en bas, carmagnole en haut! Jesus Maria, nous sommes perdus.*

---

(1) Les coalisés donnaient aux soldats républicains le nom de *carmagnole*, et Barrère le donnait à nos victoires, dans les rapports qu'il faisait à la convention

Combat naval du 13 prairial — Dévoûment sublime du Vengeur.

Lorsque nos guerriers prenaient sur le continent une attitude si imposante, notre marine privée de ses anciens officiers, dont la plupart avaient été victimes de la révolution, dans l'état de faiblesse où elle se trouvait, ne pouvait pas prétendre à de hautes destinées : cependant nos marins étaient français, et comme tels ils devaient revendiquer une partie de la gloire nationale, et comme tels encore, ils ont prouvé jusque dans leur malheur qu'ils en étaient dignes.

L'escadre de Brest, la plus belle que nous eussions alors, forte de vingt-six vaisseaux du premier rang, reçut l'ordre d'aller à la rencontre du général Vanstabel qui amenait de l'Amérique un convoi de subsistances, afin d'empêcher les Anglais de l'intercepter.

Les généraux, les officiers, les soldats se rendirent à leur poste; tous rivalisèrent de zèle, et Brest offrit en ce moment le tableau le plus animé.

Le signal du départ est donné, les batteries tirent les coups d'honneur, et la flotte est en pleine mer. « Camarades, » dit, en les quittant, Prieur de la Marne, » aux marins du vaisseau amiral, revenez » vainqueurs du pavillon anglais. » « Nous » le jurons! répondent ceux qui l'en» tendent. » *Vive la république!* crie Prieur. « *Vive la patrie! mort aux An-* » *glais et gloire au pavillon français!* » répond aussitôt l'équipage de la *Mon-* » *tagne* et tous les vaisseaux de la flotte. »

Ce noble enthousiasme semblait présager la victoire. Il est probable qu'elle eût couronné la valeur, si l'armée n'eût eu qu'un chef, et si le génie du contre-amiral Villaret-Joyeuse n'eût été enchaîné par le conventionnel Jean-Bon-St.-André.

L'armée navale qui s'avançait sur trois lignes avait déjà capturé dix-sept navires portugais et plusieurs cargaisons très-riches. Le port de Brest se trouvait encombré de ses prises. Cependant l'amiral, qui tenait la flotte à la hauteur du phare Saint-Mathieu, avait l'ordre d'éviter toute attaque dangereuse ; il était spécialement chargé de veiller à la sûreté du convoi.

Le 28 mai, à midi, une flotte est signalée ; nos marins distinguent vingt-six vaisseaux de ligne : cette vue les remplit de joie. Dans leur premier transport ils s'écrient : *Les Anglais ! les Anglais !* Tous les soldats préparent leurs armes ; tous ils témoignent leur impatience de se mesurer avec le fier dominateur des mers.

L'amiral anglais Howe ne paraissait nullement disposé à combattre. Villaret, d'après les instructions qu'il avait reçues, aurait probablement imité cette prudence ; mais Jean-Bon-Saint-André, abusant de l'autorité que lui donnait le titre de *représentant*, dans son patriotisme aveugle voulait une bataille.

Villaret força de voiles et donna le signal. Les boulets qu'on s'envoya d'abord à une assez grande distance firent peu de mal. Le vaisseau amiral *la Montagne* occupait le centre de l'armée française. Il ne reçut point d'échec ce jour-là; mais le *Révolutionnaire* foudroyé sur son babord, fut démâté et contraint de gagner Rochefort pour s'y faire remorquer. Le lendemain, les deux armées restèrent quelque temps en présence sans recommencer le combat. Notre avant-garde fut désemparée comme elle serrait l'ennemi au feu; notre centre voulut virer pour l'aider dans son mouvement; mais l'arrière-garde était déjà attaquée par les Anglais qui nous avaient dépassés. Le vaisseau amiral anglais, de 120 canons, monté par Howe, se jeta sur le centre de notre ligne et tira sur le vaisseau *le Vengeur*, tandis que *le Bellerophon* et *le Léviathan*, qui voulurent l'imiter, furent repoussés par nos bordées et jetés loin de la flotte anglaise. Une brume épaisse mit fin à l'action et tint les armées séparées pendant deux jours.

Enfin les brumes se dissipent, et le 1er.

juin les flottes se préparent à une action décisive. Howe donna le signal de l'attaque et l'ordre à chacun des vaisseaux qu'il commande de prendre un des nôtres bord à bord. Préparés aux dangers qui les attendent, nos marins font retentir l'air de chants patriotiques.

L'action s'engage, on se bat avec toute la rage que peut inspirer une haine réciproque et invétérée. La mêlée devient horrible, et les signaux n'étant plus compris, souvent un vaisseau lâche sa bordée à un vaisseau de sa nation. 4000 bouches à feu qui tonnent à la fois, vomissent la destruction, le carnage et la mort. Tandis que l'anglais vise à démâter nos vaisseaux, nous cherchons à couler bas les siens.

L'amiral anglais avait plusieurs fois attaqué en vain le vaisseau *la Montagne* : celui-ci l'avait toujours contraint de reculer; mais une fausse manœuvre du *Jacobin*, qui devait couvrir la hanche de notre vaisseau amiral, le laissa à découvert. La *Reine-Charlotte*, que montait l'amiral anglais, profite aussitôt du vide qui se présente sur la ligne, et suivi de cinq vaisseaux, dont deux à trois ponts, elle entoure Villaret. L'amiral français, foudroyé par l'ennemi, reste quelque temps perdu au reste de la flotte; mais, par une menace d'abordage, il force les bâtimens qui l'entourent de s'éloigner, et leur coupe quelques cordages. Pendant ce temps, le conventionnel St.-André, *oubliant qu'il était Français*, était dit-on, caché entre les ponts.

Cependant les vaisseaux anglais, à la distance où l'intrépide Villaret les avait fait reculer, combattaient avec plus d'avantage. *La Montagne* résista quelque temps encore mais elle n'avait presque plus de défenseurs: son pont désert n'offrait qu'une arène de carnage: ses canons étaient démontés; 2500 boulets avaient frappé son tribord.

Les canonniers font preuve de la plus grande bravoure; ceux qui servent les pièces de chasse sont tués à cinq reprises différentes, et remplacés *sans autre ordre que la voix de l'honneur.* Tout-à-coup des caisses de cartouches éclatent et tuent la moitié des timoniers. Le banc de quart est enlevé sous Villaret. Celui-ci se relève avec sang-froid, le fait rétablir et reprend son poste.

La Reine-Charlotte se trouvait alors à demi-portée de canon, lorsqu'un brave, Bouvet de Cressé (1), demande à Villaret de balayer le pont de l'anglais. *Vous vous ferez tuer*, lui répond l'amiral : *Qu'importe, reprend-il, si je suis utile à ma patrie.* Sans perdre de temps il se glisse de degrés en degrés, au milieu des balles que les Anglais lui lancent avec l'espingole et le pistolet. Un succès complet couronne sa vaillance. *La Charlotte* est abîmée par l'effet de la caronnade, et ce n'est que par une prompte fuite qu'elle évite une entière destruction.

Le vaisseau français *le Vengeur* avait

---

(1) Ce digne Français dirige aujourd'hui un collége de Paris.

montré autant de dévouement que *la Montagne*. Attaqué par *le Brunswick* et deux autres bâtimens anglais, déjà la moitié de l'équipage est emporté par la mitraille. Ce qui reste de braves, loin d'être découragés par la vue des morts qui couvre le pont, opère des prodiges de valeur. *Le Brunswick*, qui ne peut soutenir l'impétuosité de leur charge, est obligé de s'éloigner. C'est alors que les deux autres vaisseaux redoublent d'efforts ; *le Vengeur* perd sa mâture, et, percé de toutes parts, il fait eau à fond de cale.

Dans cette extrémité, les Français qui montent *le Vengeur* ne cherchent point à sauver leur vie ; et par une résolution dont l'antiquité n'offre point d'exemple, ils lâchent leur bordée et s'abîment dans les flots au son d'une musique guerrière et aux cris mille fois répétés de *vive la république ! vive la liberté de la France !*

Chénier et Le Brun ont célébré ce dévouement héroïque dans des strophes dignes de le transmettre à la postérité.

Chaque vaisseau français fut, dans ce jour mémorable, le théâtre d'une foule d'actions glorieuses déjà recueillies par l'histoire : ne pouvant parler de toutes, nous citerons seulement le trait suivant :

Lehir, second capitaine du *Vengeur*, a la jambe fracassée par un biscayen ; on le presse de descendre pour se faire panser : « *Non, dit-il, j'ai juré de mourir à mon poste.* » Un moment après, un boulet ramé lui coupe les reins ; il meurt en s'écriant : « *Courage, mes amis, vengez-nous.* »

Entrée triomphante des Français dans Figuières et dans Roses.

Au milieu de sa gloire, le brave général Dugommier, surnommé le Libérateur du Midi, venait d'être ravi à la France par un éclat d'obus : il se préparait à conquérir la Catalogne, lorsque la mort l'atteignit sur la montagne Noire. Il expira entre les bras de Pérignon, son ami, auquel il laissa sa place et de glorieux souvenirs.

Déjà vainqueur des Espagnols en plusieurs rencontres, et notamment à Saint-Laurent de la Mouga, le général Pérignon résolut de s'emparer de Figuières et de Roses. Dix mille fuyards s'étaient retirés dans la première de ces places; et, pleins encore de l'épouvante qui les y avait suivis, ils contraignirent le gouverneur de se rendre à la première sommation du général français, en acceptant une capitulation honteuse. Cette reddition était d'autant plus avantageuse à Pérignon, que rien n'arrêtait plus les opérations du siége de Roses où nos guerriers devaient recueillir une ample moisson de lauriers.

Roses, belle ville de Catalogne, est située dans une plaine, au fond d'un golfe qui porte son nom : fortifiée par la nature et par l'art, elle n'avait jamais été prise sans le secours d'une armée navale. Indépendamment de sa citadelle, le château de la Trinité, bâti sur le revers d'une montagne escarpée, commande et défend, par sa position, la ville et le port. Ce château est connu sous le nom de *Bouton-de-Roses*. Les deux forts qui peuvent communiquer ensemble avaient une garnison d'environ six mille hommes, et l'amiral espagnol Longara se trouvait dans le port avec une flotte de treize vaisseaux de ligne et quarante-cinq bombardes. Par ce moyen la ville pouvait recevoir à chaque instant de nouveaux secours ; ce qui rendait la réussite incertaine, et laissait pressentir que le siége serait fort long.

Non loin de là se trouvait une montagne à pic élevée de deux mille toises au-dessus du niveau de la mer. A sa cime était un plateau d'où l'on dominait la ville, la rade, le port et le *Bouton-de-Roses*. Le général jugea qu'il fallait y placer des batteries ; mais les ingénieurs déclarèrent la chose impossible : *C'est l'impossible que je veux*, dit Pérignon. Alors toute l'armée se met à l'ouvrage, et malgré les pluies et les frimas, bientôt un chemin de trois lieues est taillé dans les flancs de la montagne. Les canons sont montés à la prolonge sur un rocher presque perpendiculaire dont on ne peut contempler la hauteur sans effroi. Les bombes et les obus portés sur la selle parviennent à ces sourcilleuses sommités, où des batteries de canons et de mortiers furent établies.

La hardiesse et l'activité du soldat français causèrent aux Espagnols une telle surprise, qu'ils semblaient déjà vaincus lorsque la tranchée fut ouverte. Cependant leurs forts et leur flotte firent un feu effroyable, et tel, qu'il ne fallait rien moins que la bravoure française pour ne pas en être découragée. Tandis que l'intrépide Pérignon commandait des manœuvres, assis sur un quartier de rocher, une bombe lancée du fort de la Trinité éclate près de lui et brûle un pan de son habit. C'est en vain qu'on lui crie de se retirer; il contemple sans pâlir ces éclats meurtriers qui menacent sa tête et viennent mourir à ses pieds.

Ce courage à toute épreuve et ce souverain mépris de la mort remplirent d'admiration l'armée française. L'exemple de son général lui fit supporter sans murmure toutes les privations et toutes les fatigues occasionnées par un long siége et un hiver très-rigoureux.

Les assiégés n'éprouvaient aucune disette, et la place, au moyen de l'escadre, était abondamment pourvue de tout. Nos ingénieurs avouèrent que l'art ne leur offrait plus de moyens ; il n'y avait plus que celui d'emporter les retranchemens. Préparez-vous, dit le général Pérignon, *demain, à cinq heures du matin, je serai à la tête des grenadiers*. A l'heure indiquée, il marche, l'assaut est livré, et le général entre le premier par la brèche : ses soldats le suivent la baïonnette en avant ; et malgré le feu de la mousqueterie, des canons et des bombes, à huit heures du matin tous les retranchemens sont emportés.

Tout fuyait devant les vainqueurs; la garnison s'embarqua précipitamment, ne laissant que cinq cents hommes qui se rendirent à discrétion. La flotte espagnole avait levé l'ancre.

C'est ainsi que, graces au courage, à l'intrépidité et à la valeur, la clef de la Catalogne fut remise aux mains des Français le 2 janvier 1795.

INVASION DE LA HOLLANDE.

Prise d'une flotte par la cavalerie française.

L'armée française, conduite par Pichegru, en traversant les marais, les canaux, les lacs et les fleuves glacés, avait déjà conquis une partie de la Hollande. Deux cents mille hommes et une artillerie immense se déployant sur la surface des eaux, devenues pour eux un plancher solide, offraient un spectacle imposant, qui, en les glaçant de crainte, mettait la discorde parmi les coalisés, ôtant aux garnisons l'envie de se défendre.

Le 16 janvier 1795, l'aile droite de notre armée traversa le Vahal (1); et,

---

(1) Célèbre bras du Rhin que Louis XIV avait passé 123 ans auparavant.

tandis que le général Bonneau, avec sa division, cernait Gertruydemberg, le général Salm établissait son quartier-général dans la ville d'Utrecht, malgré l'armée ennemie qui s'avançait pour la secourir.

La ville de Gorcum, place forte dans laquelle on pouvait se défendre, était encore au pouvoir du prince d'Orange; mais la gelée, qui rendait les inondations impossibles, ne lui permettait pas d'en tirer un grand avantage; il sentit qu'une résistance de quelques jours n'avancerait pas beaucoup ses affaires; et pour ôter à nos guerriers l'honneur d'envoyer en France un stathouder prisonnier, après avoir congédié à la Haye ses états-généraux, il fut avec sa famille s'embarquer à Scheveningen, pour passer en Angleterre.

Le 18, le général Macdonald, à la tête de sa division seulement, attaqua l'armée anglaise retranchée sur le Zuiderzée. Cette armée, qui ne put résister à l'impétuosité des Français, fut culbutée et chassée de ses redoutes en un moment, laissant en notre pouvoir vingt caissons et quatre-vingts pièces d'artillerie.

La marche de nos guerriers était si rapide, que Pichegru écrivait aux commissaires députés par la convention auprès des armées, pour leur annoncer ses victoires avant qu'elles fussent remportées. Dans l'une de ses lettres il s'exprimait ainsi : « *Hâtez-vous, représentans; nous sommes à Elisel; mais quand vous y arriverez, nous serons dans Utrecht, que nous allons occuper dans deux jours.* » Sa perspicacité le faisait parler avec confiance. En effet, le 19, une députation de l'armée alla dans Utrecht annoncer aux représentans que la Hollande était au pouvoir des Français.

Le 20, les conventionnels entrèrent, accompagnés du général Pichegru, précédant ses légions triomphantes dans la ville d'Amsterdam. Les habitans reçurent les français en libérateurs, et les traitèrent comme des frères. L'exacte discipline que ceux-ci observaient acheva de leur gagner tous les cœurs ; la tranquillité publique ne fut point troublée un instant ; les marchandises restèrent exposées, et les affaires se firent comme à l'ordinaire. On entendit de tous côtés les cris de *vive la liberté! vive la république française!*

Le nom du général en chef se mêlait à ces acclamations patriotiques; sa personne attirait tous les regards ; il était en quelque sorte le dieu de la fête. Pichegru comprit très-bien que les applaudissemens qu'on lui donnait pourrait blesser l'orgueil des modernes proconsuls jaloux de leur puissance ; il fut assez adroit pour s'y dérober, en évitant de se montrer en public autant que cela lui fût possible.

La conquête de la Hollande produisit au sein de la convention le plus vif enthousiasme ; les avantages que cette province, si riche par son commerce, offrait à l'armée qui devait y prendre ses cantonnemens, étaient incalculables. On crut que cette victoire donnerait à la république de nouveaux alliés ; et, sur la proposition de Carnot, l'assemblée décréta à l'unanimité que les armées du Nord et de Sambre-et-Meuse avaient bien mérité de la patrie.

Les amis de l'indépendance des nations purent se réjouir encore, quand, quelques jours après, des députés du peuple batave vinrent à la barre de la convention remercier le peuple français d'avoir brisé ses chaînes.

Ces députés peignaient le stathouder en fuite, le dominateur des mers saisi d'épouvante, et l'Europe dans l'admiration. En remerciant la nation généreuse qui avait brisé leur joug, ils invoquaient sa protection puissante : ils s'engageaient par serment à propager de tous leurs moyens l'amour de la patrie et de la liberté, à seconder les Français dans leurs nobles entreprises, mais ils juraient aussi de ne point recevoir de nouveaux tyrans.

Cette harangue noble et hardie fut accueillie de la convention comme elle devait l'être en pareille circonstance ; parlant en son nom, Barrère fit aux députés la promesse solennelle de rendre leur pays indépendant et allié de la France.

Les représentans de la nation française, qui voulaient paraître généreux, rendirent quelque temps après la Hollande à la liberté.

Les villes de Gertruydemberg, Dordrecht et Rotterdam, s'étaient rendues comme presque toutes les autres, au premier choc des assaillans : dans la première de ces villes on avait trouvé plus de six cents canons, dix mille fusils anglais, plusieurs magasins de vivres, et des approvisionnemens en tous genres.

A la Haye, où le prince d'Orange avait assemblé les états-généraux quelque temps avant son départ, il avait ordonné que les Français fussent bien reçus; ils le furent en effet, et l'ordre du stathouder fut exécuté à la lettre. Les soldats, comme à Amsterdam, furent traités en frères par les habitans, et Pichegru installé dans le palais par les domestiques même du prince.

Le général français, par une suite de la prudence qu'il avait déjà montrée, céda cette demeure somptueuse aux commissaires conventionnels, qui firent graver sur le frontispice cette inscription remarquable :

Les représentans du peuple voudraient que cette maison fût de verre, pour que le peuple pût être témoin de toutes leurs actions.

L'étonnement que produisit cette conquête fut encore augmenté par une expédition singulière, unique dans les annales du monde. La flotte hollandaise prise dans les glaces, fut attaquée par la cavalerie française sous les ordres du général Moreau. Les escadrons et l'artillerie volante manœuvraient sur les abîmes de la mer prête à s'entr'ouvrir sous leurs poids. Plusieurs vaisseaux furent pris d'assaut comme des forteresses, et, pour la première fois, on vit une flotte se rendre à des escadrons de cavalerie.

SIÉGE DE DUSSELDORF.

Paroles mémorables du général Championnet.

Dusseldorf, défendue par une garnison nombreuse, soutenue par un camp retranché de quinze mille Autrichiens, avait une citadelle hérissée de cent cinquante bouches à feu : la prise de cette place était de la plus grande importance pour faciliter les opérations de l'armée française. Le général Championnet, chargé de s'en rendre maître, avait marqué l'endroit où ses grenadiers et son artillerie devaient passer le Rhin. Averti qu'au milieu il se trouvait un banc de sable, il fallut faire remonter ses nacelles ; enfin, le 4 septembre, à onze heures du soir, Championnet dit à ses soldats rassemblés sur la rive : « *Compagnons de mes périls, demain au soleil levant nous serons à Dusseldorf, ou nous serons morts glorieusement pour la patrie.* »

Quatorze compagnies avec l'artillerie

entrent dans les nacelles ; elles sont aperçues par l'ennemi, qui, à la clarté de la lune, dirige sur elles des batteries dont le feu continuel semblait embraser les eaux du fleuve. Le danger était imminent ; déjà plusieurs barques avaient coulé à fond : cependant le général déclare que tout soldat qui fera feu pendant la traversée, sera fusillé. Il faut se résigner à recevoir la mort sans la renvoyer à l'ennemi : ô triomphe de l'héroïsme ! aucun soldat ne désobéit. Les grenadiers français, intrépides et calmes, au risque d'être frappés des éclats de la foudre, s'avancent vers le lieu d'où partent les éclairs.

Impatient de se mesurer avec l'ennemi, le général Legrand se jette à la nage ; le capitaine Penne l'accompagne ; *Camarades*, s'écrient-ils, *suivez-nous*. Un bataillon entier imite cet exemple, et l'ennemi étonné de tant d'audace, s'enfuit dans le bois.

Des cris de victoire qui partent du rivage sont répétés sur la flottille qui aborde, et le reste de la troupe débarque. Les impériaux, que le premier choc a mis en déroute, sont poursuivis avec une rapidité étonnante; leurs batteries sont en notre pouvoir, et déjà le général Legrand est sur les glacis de Dusseldorf. Quoique l'ennemi fasse un feu épouvantable, les Français se serrent, marchent toujours en avant et font des prodiges de valeur. Le comte d'Erback essaie en vain de faire avancer sa réserve, la crainte de la mort a glacé le courage des soldats autrichiens; partout ils jettent leurs armes en demandant la vie à leurs vainqueurs.

Le général Championnet, qui, de son côté, mettait à profit les instans, canonnait et bombardait Dusseldorf, tandis que le général Legrand sommait le gouverneur et ne lui donnait que dix minutes pour se rendre. Obligés de céder à la valeur, les *deux mille hommes de la garnison, imitant les soldats du camp, mettent bas les armes devant sept cents grenadiers français.* Alors la division victorieuse put, sans obstacle, opérer sa jonction avec le corps d'armée du général Kléber.

On trouva dans la place 168 pièces d'artillerie, 10,000 fusils, et des munitions de toute espèce.

Hommage rendu à la mémoire du brave général Marceau.

Tandis que l'armée de Sambre-et-Meuse, commandée par Jourdan, traversait le défilé d'Altenkirchen, le brave Marceau, digne émule des Desaix, des Kléber et des Hoche, était chargé de contenir, avec sa division, l'armée du prince Charles. Accablé par le nombre, après avoir fait des prodiges de valeur, il allait opérer sa retraite lorsque le général en chef lui fit connaître l'indispensable nécessité de tenir encore. Marceau redouble d'efforts et de courage, et se plaçant à l'avant-garde, son exemple ranime l'ardeur de ses soldats. Une batterie d'artillerie légère établie sur une position avantageuse, pouvait lui faire obtenir de nouveaux succès : il s'avançait pour reconnaître l'ennemi, lorsqu'un coup de carabine parti d'une haie qui cachait un chasseur tyrolien, le frappa mortellement. Le héros fait encore quelques pas, puis il s'arrête et tombe ; les grenadiers français l'emportent sur un brancard qu'ils forment avec leurs armes. Il arrive le soir aux portes de la ville d'Altenkirchen, où le général Jourdan et les principaux officiers de l'armée le reçurent et versèrent des larmes sur son sort. L'armée était dans la consternation ; lui seul demeurait calme au milieu de ce deuil général : « *Mes amis, disait-il à ceux qui l'entouraient, je suis trop regretté : pourquoi me plaindre ? je suis bien heureux, puisque j'expire pour la patrie.* »

Cependant les Autrichiens s'avançaient ; l'armée française, que ce malheur affaiblissait encore, fut obligée de continuer sa retraite, et le héros mourant, trop faible pour être transporté, resta au pouvoir de l'ennemi. Le gouverneur prussien s'honora de donner asile à cette victime de l'honneur. Les généraux autrichiens lui donnèrent les plus touchans témoignages de leur douleur et de leur admiration.

Les officiers et les hussards de Blankestein et de Barco envoyèrent une députation pour le visiter. Le général Haddick vint lui-même témoigner combien il était sensible à son malheur : le général Krai s'y rendit après ; on vit couler des larmes des yeux de ce vieux guerrier que Marceau avait toujours combattu : enfin le prince Charles, le plus grand capitaine et le plus généreux de nos ennemis, vint pleurer lui-même à son lit de mort, et rendit la dépouille de ce jeune guerrier à ses compagnons d'armes.

Un plus bel hommage fut rendu à sa mémoire. Les deux armées suspendirent le cours de leurs opérations ; et pour célébrer en commun les funérailles de Marceau, elles oublièrent un moment leur haine.

Année 1796.

Passage à jamais célèbre des ponts de Lody et d'Arcole.

Bonaparte, nommé général en chef, venait d'ouvrir cette campagne immortelle qui fonda sa réputation militaire, et ne fut pour les Français qu'une suite de victoires et de triomphes, puisqu'on vit successivement cinq armées formidables commandées par les plus habiles généraux de l'Europe, se fondre devant l'invincible armée d'Italie.

L'armée française n'avait pas besoin d'avoir Bonaparte à sa tête pour faire trembler l'Europe : ses preuves étaient déjà faites, et sa gloire antérieure à celle de son général, *était à elle*; mais le parti admirable que celui-ci sut en tirer en exécutant avec elle des choses qui paraissaient inexécutables, servit merveilleusement les projets de son ambition.

Cette armée se trouvait alors dénuée de

tout et réduite à la défensive sur les stériles rochers de Gênes; elle avait à peine soixante mille hommes : celle des Autrichiens, plus forte du tiers, avait deux cent mille auxiliaires, tant de troupes régulières que de milices armées, fournies par le pape et les rois de Sardaigne et de Naples. Au moment de marcher en avant, le général français adresse à ses guerriers la proclamation suivante :

« Soldats,

» Ce n'est plus une guerre défensive, c'est une guerre d'invasion; ce sont des conquêtes que vous allez faire. Point d'équipages, point de magasins; vous êtes sans artillerie, sans habits, sans souliers, sans solde; vous manquez de tout, mais vous êtes riches en courage. Eh bien ! voilà vos magasins, votre artillerie; vous avez du fer et du plomb : marchons, et dans peu ils seront à vous (1). L'ennemi

---

(1) Il leur montrait alors les plaines fertiles du Piémont et de la Lombardie.

est quatre fois plus nombreux que nous, nous acquerrerons plus de gloire. »

L'armée électrisée entre en campagne, et dix jours étaient à peine écoulés qu'elle avait remporté les victoires de *Monte-noite, Millesimo, Dego* et *Mondovi*: pris plus de vingt mille hommes, vingt-huit drapeaux et soixante pièces de canon. Le résultat de ces brillantes affaires fut un armistice demandé par le roi de Sardaigne, qui remit entre les mains de la France les forteresses de Tortone et de Coni.

Tandis qu'on négociait la paix avec ce prince, l'armée continuant ses opérations, poursuivit Beaulieu en se dirigeant vers le Pô, dont le général autrichien voulut en vain lui disputer le passage. Le duc de Parme, qui venait de voir avec quelle audace les Français avaient franchi le fleuve, signa les conditions de l'armistice que lui dicta le vainqueur. Beaulieu, vaincu le 10 mai sous les murs de *Lody*, se retire avec son armée qu'il range en bataille sur la rive gauche de l'Adda, et place trente pièces de canon pour s'opposer au passage du pont qu'il n'avait pas eu le temps de couper. Mais que peut cette précaution contre l'intrépidité française ? Déjà les carabiniers et tous les bataillons de grenadiers sont en mouvement. Ils ont à leur tête les généraux Berthier et Massena, et c'est au pas de charge que cette colonne redoutable, renversant tout ce qui s'oppose à son passage, va s'emparer des foudres qui vomissaient la mort sur elle.

L'ordre de bataille de Beaulieu fut rompu, et son armée mise en pleine déroute au bout de quelques instans. La nuit et l'extrême fatigue des soldats empêchèrent de poursuivre les fuyards ; mais on avait trois mille prisonniers, vingt pièces de canons, des drapeaux et beaucoup de munitions.

Voici comme le général en chef, écrivant au directoire, s'exprimait sur cette bataille :

« Si nous n'avons perdu que peu de

monde, nous le devons à la promptitude de l'exécution et à l'effet subit qu'ont produit sur l'armée ennemie la masse et les feux redoutables de notre invincible colonne. S'il fallait nommer tous les militaires qui se sont distingués dans cette affaire, je serais obligé de nommer tous les carabiniers et grenadiers de l'avant-garde, et presque tous les officiers de l'état-major : mais je ne dois pas oublier l'intrépide Berthier, qui fut, dans cette journée, *canonnier, cavalier* et *grenadier*.

Tandis que Pavie et Crémone ouvraient leurs portes, et que Bonaparte arrivait en triomphateur à Milan, Beaulieu, forcé derrière le Mincio et poursuivi jusque dans les gorges du Tyrol, cédait le commandement à Wurmser, qui obtint d'abord quelques succès partiels, et fut ensuite battu à *Lonado*, à *Castiglione*, à *Salo* et à *Gavardo*.

A Lonado, la position des Français était des plus critiques; Bonaparte, obligé de diviser ses forces, n'avait avec lui que douze cents hommes, lorsqu'un parlementaire ennemi se présente. On l'introduit les yeux bandés : cet officier déclare que la gauche de l'armée française étant cernée, son général fait demander si on est disposé à se rendre.

« Allez dire à votre général, lui répond Bonaparte, que s'il a voulu insulter l'armée française, je suis ici ; que c'est lui-même et son corps qui sont prisonniers ; qu'il a une de ses colonnes coupée par nos troupes à Salo, et par le passage de Breschia à Trente ; que si dans *huit minutes* il n'a pas mis bas les armes, que s'il fait tirer un seul coup de fusil, *je fais tout fusiller*. Débandez les yeux à monsieur. Voyez le général Bonaparte et son état-major au milieu de la brave armée républicaine : *Dites à votre général qu'il peut faire une bonne prise.* »

Le parlementaire se retire et tout se prépare pour l'attaque. Cependant le chef de la colonne ennemie demande à capituler. « Non, dit le général français, vous êtes prisonnier de guerre »; et en même temps il ordonne à l'artillerie légère d'avancer : alors le général autrichien s'écrie : *Nous sommes tous rendus*. Leur nombre était de quatre mille deux cents. Ils étaient rangés en bataille et soutenus de quatre pièces de canon.

Wurmser voulut encore inutilement tenter la fortune à Roveredo; il y perdit sept mille prisonniers, sept drapeaux, vingt-cinq pièces de canon et cinquante caissons. Cette victoire mémorable fit tomber au pouvoir des Français la ville de Trente.

La Lombardie était presque conquise; le duc de Modène avait fait sa paix avec la république française, et Wurmser conduisait les débris de son armée à Mantoue, où il se proposait d'attendre un renfort de cinquante mille hommes que l'empereur d'Autriche faisait filer en Italie, sous la conduite des généraux Alvinzi et Davidovich. Il s'agissait d'empêcher la réunion de ces forces. Les Français avaient forcé les gorges de la Brenta ; ils avaient triomphé à Bassano et à San-Giorgo ; de nouveaux lauriers les attendaient au pont d'Arcole.

Bonaparte passa l'Adige et attaqua le village d'Arcole, défendu par un régiment de croates et quelques régimens hongrois, et mieux défendu encore par sa situation au milieu des canaux. Ce village arrêta notre avant-garde toute la journée, malgré les efforts constans des généraux qui, sentant de quelle importance était cette position, se firent presque tous blesser en cherchant à l'enlever de vive force.

Les deux armées se battaient depuis deux jours, avec un acharnement épouvantable, quand l'intrépide Augereau porta un drapeau jusqu'à l'extrémité du pont (1), où il demeura plusieurs minutes

---

(1) Ce pont, construit sur l'Adige, est très-étroit, et le chemin qui y conduit environné de marais fangeux. L'ennemi était retranché dans les maisons crénelées qui l'avoisinent, et pouvait sans cesse le couvrir d'une grêle de balles.

sans produire aucun effet. Cependant il fallait passer ou faire un détour de plusieurs lieues, qui aurait fait manquer l'opération. Bonaparte voyant un moment d'irrésolution, demanda à ses soldats s'ils sont *les vainqueurs de Lodi* ; et voyant à ces mots renaître leur enthousiasme, il saute à bas de son cheval, saisit un drapeau, s'élance à la tête des grenadiers, et court sur le pont en criant : *Suivez votre général.* La colonne aussitôt s'ébranle, et les Français victorieux font mordre la poussière à quatre mille autrichiens, en prennent cinq mille, quatre drapeaux et dix-huit pièces de canon.

Le corps législatif, désirant faire quelque chose d'agréable à l'armée, décréta que les drapeaux portés à la bataille d'Arcole par les généraux Bonaparte et Augereau, leur seraient donnés à titre de récompense.

La victoire, toujours fidèle à nos drapeaux, couronne les armes françaises dans les champs de Rivoli et d'Anghiari ; la superbe Mantoue capitule : Venise, qui n'avait pu garder le lion de Saint-Marc, ouvre ses portes ; et les enseignes de la grande nation brillent comme l'auréole de sa gloire sur la cime orgueilleuse des montagnes du Tyrol.

Le général en chef fit alors cette fameuse proclamation, dont voici un extrait :

« Soldats,

» La prise de Mantoue (1) vient de finir une campagne qui vous a donné des titres à la reconnaissance de la Patrie.

---

(1) Mantoue, sur le Mincio, fortifiée par l'art et par la nature, ayant une garnison de 14 à 15 mille hommes commandée par le général Wurmser, se rendit après un blocus de plusieurs mois, le 2 février. La garnison déposa les armes sur les glacis, et laissa aux Français 60 drapeaux, 538 bouches à feu, 17,115 fusils, 4484 pistolets, 14,562 bombes, 187,329 boulets, 529,000 livres de poudre, 1,401,379 cartouches de différens calibres, 36,100 livres de fer, 321,400 livres de plomb, 184 caissons et un immense bagage.

» Vous avez remporté la victoire dans vingt-quatre batailles rangées et soixante-dix combats; vous avez fait plus de cent mille prisonniers, pris à l'ennemi plus de cinq cents pièces de canon de campagne, deux cents de gros calibre et quatorze équipages de pont.

» Le pays que vous avez conquis a nourri, entretenu et soldé l'armée pendant toute la campagne, et vous avez envoyé trente millions au ministre des finances pour le soulagement du trésor public.

» Vous avez enrichi le Muséum de Paris de plus de trente objets, chefs-d'œuvre de l'ancienne et de la nouvelle Italie, et qu'il a fallu plus de trente siècles pour produire.

» Les républiques lombarde et cisalpine vous doivent leur liberté..... les rois de Sardaigne, de Naples, le pape et le duc de Parme se sont détachés de la coalition de vos ennemis et ont brigué notre amitié.

» Vous avez chassé les Anglais de Livourne et de la Corse...... Soldats, réjouissez-vous de vos triomphes, et pensez que la France, que l'Europe, que l'univers entier ont les yeux sur vous ! »

ANNÉE 1797.

Passage du Tagliamento. — Trahison des Vénitiens et destruction de leur gouvernement. — Trait de clémence.

Le prince Charles, frère de l'empereur d'Autriche, qui avait acquis sur le bord du Rhin la réputation de grand capitaine, venait de prendre le commandement en chef de l'armée d'Italie. Il était sur le bord du Tagliamento quand une division de notre armée reçut l'ordre de passer ce fleuve. Cet ordre fut incontinent exécuté, malgré les efforts de la cavalerie autrichienne, qui fut culbutée et mise en pleine déroute. Les forts de la Chiusa et Gradisca sont emportés malgré l'obscurité de la nuit ; le prince Charles n'a que le temps de se sauver ; il perd dans cette affaire l'élite de sa cavalerie, huit drapeaux et quarante-six pièces de canon.

Tandis que le général français enchaînait la victoire à son char, on organisait dans les états vénitiens le massacre des Français. Déjà trois cents malades avaient été égorgés dans les hôpitaux de Véronne. Leur sang criait vengeance, et le général indigné écrivait au Doge une lettre foudroyante, dans laquelle il menaçait la sérénissime république de tout son ressentiment, si les auteurs de ce crime atroce n'étaient incontinent livrés à sa justice.

Le Doge feignit une grande douleur, promit de livrer les coupables et témoigna beaucoup d'estime et de considération pour le chef de notre armée.

Malgré cette réponse, qui ne parut pas satisfaisante, les hostilités commencèrent. Une division marcha sur Véronne, dont les magistrats épouvantés prirent la fuite. La marche de ces guerriers avait été précédée d'un manifeste contenant tous les griefs dont les Français avaient à se plaindre.

Le général Baraguay-d'Hilliers entra dans Venise à la tête d'une colonne, seize jours après la publication du manifeste. Le ministre de France, dans un discours au grand conseil, dit ces paroles remarquables : *Le sang français a été répandu ; il demande vengeance, il l'obtiendra.*

Il était enjoint aux généraux de traiter en ennemis les troupes de la république de Venise, et de faire abattre dans toutes les villes de la Terre-Ferme le lion de St.-Marc. Des commissaires furent nommés ; on arrêta plusieurs personnes de marque, entre autres les trois inquisiteurs de l'Etat, dont on instruisit le procès.

Bientôt le général Augereau remplaça le général Baraguay. Comme notre tâche est de rapporter tout ce qui peut honorer le caractère national, nous citerons un extrait de la proclamation qu'il adressa aux Vénitiens, ainsi conçue :

« Peuple, je viens au milieu de vous pour punir le crime, protéger l'innocence et venger le sang de mes frères Je sais le mal que vous nous avez fait : *je sais jusqu'où s'étend le droit terrible de la guerre;* je sais jusqu'où nous pourrions pousser la vengeance : mais vous étiez trompés, égarés, agités par un esprit de fanatisme et de vertige. *Vous êtes vaincus, malheureux, soumis; nous serons compâtissans, clémens et justes.* La générosité sied à la force : qu'on ne s'y trompe pas pourtant, c'est pour la faiblesse, l'ignorance et la crédulité que je laisserai parler mon cœur; le coupable éclairé, le conspirateur perfide ne doivent pas attendre de grâce, ils seront punis. »

Le même général se trouvant à Véronne au moment où des paysans pris les armes à la main, étaient conduits sur la place pour être fusillés, leur tint ce discours :

« Loin de vous faire périr, je veux rendre des enfans à leurs mères, des époux à leurs compagnes, des pères à leurs familles éplorées, des citoyens à l'Etat. *Je viens essuyer les pleurs du repentir et conquérir des cœurs aux Français :* allez, infortunés, retournez au milieu de vos compatriotes ; *allez leur dire comment nous savons nous venger.* »

Ainsi ces malheureux qui avaient un pied dans la tombe, passèrent en un instant de la mort à la vie.

Les destins de la république de Venise étaient finis. Les nobles voyant les nombreux triomphes des Français, et l'opinion d'une partie du peuple prononcée contre eux, abdiquèrent la souveraine puissance, et le 26 floréal an 5, on vit une proclamation du doge conçue en ces termes :

« Le sérénissime prince fait savoir qu'en vertu de la résolution du grand conseil, le gouvernement sera administré par une municipalité provisoire. »

(*Traité de Campo-Formio.*)

Cependant l'armée autrichienne battue sur tous les points, exécutait sa retraite avec tant de précipitation, qu'elle abandonna au vainqueur la plus grande partie de ses munitions de guerre et de bouche, et ses hôpitaux contenant un nombre considérable de malades. Le vieux général

Laudon, malgré ses talens militaires et toute son expérience, ne put empêcher les colonnes françaises de traverser les montagnes du Tyrol, considérée de ce côté comme le plus ferme boulevard de la monarchie autrichienne.

Bonaparte et son invincible armée, marchant toujours de succès en succès, et délogeant successivement l'ennemi de ses positions les plus formidables, après avoir jonché de morts les vallons de Neumark et de Hundsmark, s'élance avec la rapidité de l'aigle, *qui depuis lui servit d'emblême*, dans les plaines de l'Ister. Déjà il est à dix-neuf lieues de Vienne, où la consternation s'est emparée de tous les cœurs. Divers plans de défense sont proposés ; tous semblent insuffisans : enfin l'empereur se détermine à demander un armistice qui lui est accordé. Des préliminaires de paix sont signés à Léoben, et deviennent la base du traité définitif de Campo-Formio.

Par ce traité, dont le général français fut le négociateur, l'Empereur cédait la

Belgique à la France, reconnaissait la république cisalpine, et recevait en échange pour les provinces qu'il avait perdues, la Dalmatie, l'Istrie et Venise, qui, par sa déloyauté, cessait d'être comptée au nombre des nations.

Dans le premier article du traité, l'Empereur d'Autriche déclarait reconnaître la *République Française :* Bonaparte interrompant la lecture, dit avec beaucoup d'énergie :

La République Française est comme le soleil sur l'horizon ; bien aveugles sont ceux que son éclat n'a point encore frappés ! Et l'article fut rayé.

Sur une difficulté qui s'était élevée pendant la discussion des articles, il prit avec vivacité un cabaret de porcelaine précieuse qui se trouvait sous sa main, et le brisant en mille morceaux, il dit au conseil assemblé : *Ainsi je vous réduirai en poussière puisque vous le voulez.* Il sortit sur-le-champ, l'un des plénipotentiaires courut après lui, et l'on souscrivit à ce qu'il désirait.

Lors de la signature des préliminaires, l'empereur avait envoyé vers lui trois des principaux seigneurs de sa cour pour servir d'ôtages. Bonaparte les reçut avec distinction, les invita à dîner, et au dessert, il leur dit : « Messieurs, vous êtes libres : allez dire à votre maître que si sa parole impériale a besoin de gages, vous ne pouvez pas m'en servir, et que vous ne devez pas m'en servir si elle n'en a pas besoin. »

Projet de la campagne de l'Egypte.

Après la signature du traité de Campo-Formio, Bonaparte revint à Paris jouir des honneurs dus aux victoires éclatantes de l'armée française ; il n'y resta pas longtemps, et fut nommé l'un des plénipotentiaires du congrès assemblé à Rastadt, pour traiter de la paix générale ; mais ce congrès, dont les membres ne purent s'entendre, fut rompu avant que d'avoir atteint le but désiré.

Ce projet évanoui, on conçut, ou plutôt on feignit un projet de descente en

Angleterre. On ne voulait que donner le change à cette nation, car c'était le plan de la conquête d'Egypte que Bonaparte avait médité et fait adopter par le directoire.

Le public murmura de voir un des généraux les plus capables de faire respecter la France en combattant près de ses frontières, aller tenter les hasards d'une conquête périlleuse qu'il regardait comme impossible. Il crut que le Directoire, jaloux de la gloire du vainqueur d'Italie, et redoutant son influence, avait employé ce moyen pour l'expatrier. Il est probable que le public se trompa, comme cela lui arrive souvent. D'ailleurs ce projet renfermait, suivant quelques-uns, des vues d'une politique profonde, et ces publicistes pensent encore que si la prudence eût toujours été jointe à la valeur, on eût pu, en l'exécutant, sapper la puissance colossale des Anglais dans l'Inde. Mais pendant qu'on s'occupa de cette expédition, nous allons rapporter quelques autres événemens qui eurent lieu dans l'intervalle, en rappelant à nos lecteurs, qui pourraient nous reprocher de n'en pas suivre régulièrement la marche, que nous ne nous sommes engagé qu'à leur présenter les faits les plus remarquables et les actions les plus éclatantes, au hasard de ne pas suivre toujours l'ordre chronologique.

Année 1798.

Rebellion des Romains punie. — Discours prononcé au Capitole par le général Berthier.

Pendant l'absence de Bonaparte, Alexandre Berthier se trouvait général en chef de l'armée d'Italie. Des malveillans, ennemis de la France et du souverain pontife, avaient excité la populace de Rome à la révolte. On avait organisé des massacres à l'instar de ceux qu'avait précédemment ordonnés la république de Venise : déjà des postes français sont égorgés, le général Duphot et quelques personnes de sa suite étaient tombés sous le fer des assassins.

La nation française indignée, devait tirer de cet outrage une prompte vengeance, et ses légions menaçantes s'avançaient au pas de charge sur les rebelles. Berthier dirige lui-même ses intrépides guerriers, il disperse les brigands, qui cherchent en vain à s'emparer du château Saint-Ange. Partout ils sont taillés en pièces, les postes français sont repris, et les révoltés pris les armes à la main sont condamnés à mort.

La tranquillité renaît, tout rentre dans l'ordre ; et comme le disait le vainqueur lui-même, dans ses lettres : « *L'armée française s'est montrée. Rome est libre ! les mânes de Duphot sont vengés.* »

Le général Berthier, en présence du peuple et des soldats réunis au Capitole, improvisa le discours suivant :

« Mânes de Caton, de Pompée, de Brutus, de Cicéron, d'Hortensius, recevez l'hommage des Français libres, dans ce Capitole où vous avez tant de fois défendu les droits du Peuple et illustré la République romaine.

» Les enfans des Gaulois, l'olivier de la paix à la main, viennent dans ce lieu auguste rétablir les autels de la liberté, dressés par le premier des Brutus.

» Et vous, Peuple romain, qui venait de reprendre vos droits légitimes, rappelez-vous le sang qui coule dans vos veines; jetez les yeux sur les monumens de gloire qui vous environnent ; *reprenez votre antique grandeur et les vertus de vos pères!* »

Prise de Malthe. — Brillans succès des Français en Afrique et en Asie.

Le 10 mai 1798, Bonaparte se rendit à Toulon, où il prit le commandement de l'armée navale destinée à conquérir l'Egypte. L'escadre, composée de 15 vaisseaux de ligne, six frégates et plusieurs corvettes, portait trente-six mille hommes de débarquement, non compris deux mille employés, artistes, savans, etc. Elle appareilla le 28 mai. Un convoi de 400 bâtimens de transport, venu de Civitta-Vecchia, s'étant réuni à la flotte, 450 voiles, se déployant majestueusement sur la Méditerranée, cinglèrent vers l'île de Malthe.

L'escadre était commandée par l'amiral Brueys; les marins et les troupes de débarquement brûlaient d'une égale impatience de se signaler par de nouveaux exploits. Dans une harangue militaire, prononcée avant le départ, où Bonaparte comparaît ses soldats aux Romains, combattant tour-à-tour pour soumettre les Carthaginois, sur cette même mer et aux plaines de Zama, il disait : « *Le génie de la République, dès sa naissance l'arbitre de l'Europe, veut qu'elle le soit des mers et des contrées les plus lointaines.* »

Arrivé devant Malthe le 12 juin, il fit demander au grand-maître la permission de faire de l'eau; et sur son refus, l'ordre fut donné à l'amiral de faire les préparatifs d'une descente. Tout fut prêt pendant la nuit, et l'aurore naissante vit les Français dans l'île qui, malgré une vive canonnade, fut bientôt soumise.

Alors la ville de la Valette, capitale de l'île, fut investie de toutes parts. Les chevaliers se défendirent vaillamment ; mais ils firent une sortie malheureuse, dans laquelle le chef de brigade Marmont, à la tête de la 19e., leur enleva le drapeau de l'ordre.

Le 13 juin, le baron d'Hompesck, grand-maître de l'ordre, eut la faiblesse, pour obtenir une suspension d'armes, de consentir d'abord à la reddition de la ville. Cependant Jean de la Valette s'était immortalisé quelques siècles auparavant, en soutenant sur ces mêmes remparts un long siége contre l'armée innombrable des Turcs commandée par Soliman II. Mais *le grand-maître Jean de la Valette était Français*.

Pendant la nuit on fit une convention qui rendait les Français maîtres de Malthe, des îles et des forts de Gozzo et de Comino, à condition qu'on ferait une pension annuelle de 300,000 francs au grand-maître, et de 700 francs à chacun des chevaliers, nés français, qui rentreraient dans leur patrie. Les négociateurs, qui étaient le général Junot et MM. Pousselgue et Dolomieu, s'engagèrent, au nom de leur gouvernement, à solliciter la même faveur auprès des républiques romaine, ligurienne, cisalpine et helvétique, pour les chevaliers de ces nations. Ces conditions furent ratifiées le 14 juin au matin, à bord du vaisseau l'*Orient*.

Le même jour l'armée française occupa la ville et les forts, où elle trouva 1200 pièces de canon, 15 milliers de poudre, 15,000 fusils, et quantité d'autres effets de guerre. On prit aussi dans le port deux vaisseaux de ligne, une frégate et deux galères.

Le 20 juin, la flotte française quitta Malthe et fit voile pour l'Egypte : le 24, Bonaparte fit, à bord du vaisseau l'*Orient*, une proclamation dont nous avons extrait quelques passages remarquables, tels que ceux-ci :

« Soldats, vous allez entreprendre une conquête dont les effets sur la civilisation et le commerce du monde sont incalculables. Vous porterez à l'Angleterre le coup le plus sûr et le plus sensible, en attendant que vous puissiez lui donner *le coup de la mort*..... Nous réussirons dans toutes nos entreprises, *les destins sont pour nous*.....

» Les peuples chez lesquels nous allons entrer traitent les femmes différemment que nous, mais dans tous les pays celui qui viole est un monstre.... Le pillage n'enrichit qu'un petit nombre d'hommes; il nous déshonore, il détruit nos ressources, et nous rend ennemis des peuples qu'il est de notre intérêt d'avoir pour amis.....

» Les peuples avec lesquels nous allons vivre sont mahométans; leur premier article de foi est celui-ci : *Il n'y a d'autre*

Dieu que Dieu, et Mahomet est son prophète. Ne les contredisez pas....

» Ayez pour les cérémonies que prescrit l'Alcoran dans les mosquées, *la même tolérance* que vous avez eue pour les couvens, pour les synagogues, pour la religion de Moïse et celle de Jésus-Christ. »

Le 13 juillet, on entra dans la rade d'Alexandrie, où, trois jours auparavant, l'escadre anglaise s'était présentée dans l'espoir d'y rencontrer la nôtre. La mer était très-mauvaise; cependant le débarquement fut effectué dans la nuit même. Le général en chef, à la suite des colonnes, descendit dans une galère qu'un coup de vent manqua de faire périr; c'est alors qu'il s'écria : *O fortune! m'abandonnerais-tu?*

L'armée, à peine débarquée, marcha sur Alexandrie, dont l'attaque commença au point du jour, quoiqu'il n'y eût point encore d'artillerie à terre : le général Kléber avec sa division, partit de la colonne de Pompée pour escalader la muraille, tandis que Menou bloquait le château. Déjà il désignait à ses grenadiers l'endroit où il voulait qu'ils montassent, lorsqu'une balle qui vint le frapper au front le renversa par terre (1). Le désir de venger leur général augmenta le courage des grenadiers, et la ville fut emportée d'assaut.

Pendant ce temps le général Marmont, à la tête d'une demi-brigade, enfonçait à coups de hache la porte de Rosette, et le général Bon se rendait maître de l'enceinte des Arabes.

Cependant les forts n'étaient pas rendus, on se battait dans les rues, et chaque habitant avait fait de sa maison une citadelle; mais avant la fin de la journée les châteaux capitulèrent, le calme se rétablit, et les Français furent paisibles possesseurs de la ville et de ses deux ports. Les Arabes accourus du désert pour la défendre, firent avec Bonaparte un traité d'alliance. Il écri-

---

(1) Kléber ne fut blessé que légèrement de ce coup.

vit au pacha d'Egypte qu'il n'était venu que pour châtier les Beys qui accablaient d'avanies le commerce français, et délivrer le pays de leur tyrannie et de celle des Mamelucks : il convoqua les Cadis (1), les Cheiks et les Imans, et fit avec eux un accord dont voici la substance :

Déclaration du Mufti et des principaux Cheiks de la ville d'Alexandrie, au nom des habitans.

« Gloire à Dieu, à qui toute gloire est due, et salut de paix sur le prophète Muhamed, sur sa famille, et les compagnons de sa mission divine.

» Voici l'accord qui a eu lieu entre nous, les notables de la ville d'Alexandrie et le commandant de la Nation française, général en chef de l'armée campée en cette ville.

» Les susdits notables continueront à observer leurs lois et leurs institutions..... La justice se rendra comme par le passé.... Ils promettent en outre de ne point trahir l'armée française, et de n'entrer dans aucun complot qui pourrait être formé contre elle. Le général en chef leur promet d'empêcher que les soldats n'inquiètent les habitans d'Alexandrie par des vexations, des rapines ou des menaces, et de faire punir du supplice le plus sévère celui qui se porterait à de tels excès ; de ne forcer aucun habitant à changer de religion, et de ne jamais exiger aucune innovation dans les pratiques religieuses.

Bataille des Pyramides.

Bonaparte, sentant qu'il ne fallait pas laisser aux Mamelucks le temps de préparer leurs moyens de défense, ou d'enlever les nombreux magasins qui se trouvaient au Caire, après avoir organisé le gouvernement provisoire d'Alexandrie, dont Kléber fut nommé gouverneur, disposa tout pour son départ, qui eut lieu le 9 juillet par le chemin de Demanhour, dans un désert aride où l'armée trouva à peine de l'eau pour l'empêcher de mourir de soif.

Elle n'avait que trois cents hommes de cavalerie mal montée et une artillerie mal servie dans ses attelages, les chevaux ayant considérablement souffert dans la traversée. Cependant les Arabes et les Mamelucks voulurent en vain lui disputer le passage à Rhamanié et à Cheibresse, ils ne purent en aucune manière l'entamer ; le général français en formant de ses divisions des parallélogrammes, dans lesquels ses équipages se trouvaient enfermés, les avait disposées en échelons, de manière qu'elles s'appuyaient l'une sur l'autre, et que l'artillerie placée en conséquence dans chacune, présentait du feu de quelque côté que l'ennemi vînt l'attaquer. Après avoir manifesté vingt fois le désir de charger, sans l'oser, reconnaissant l'impossibilité de rompre cette ligne impénétrable, la cavalerie des mamelucks se retira, laissant sur le champ de bataille trois ou quatre cents des plus braves d'entre elle, qui étaient venus escarmoucher avec nos carabiniers.

L'armée française harassée de fatigue, brûlée par des chaleurs excessives, et manquant de tout, sentit renaître son espoir lorsqu'elle aperçut les pyramides le 21 juillet au matin. Le soir elle n'était plus qu'à quelques lieues du Caire, dans un lieu nommé Embabé, où les vingt-trois Beys avaient réuni toutes leurs forces : leurs retranchemens étaient garnis de plus de soixante pièces de canon.

Bonaparte les fit attaquer par les généraux Desaix et Rampon. Dès que Mourat-Bey s'aperçut de leur mouvement, il résolut de les prévenir, faisant charger avec la rapidité de l'éclair, par un corps d'élite sous la conduite d'un bey des plus vaillans. On laissa approcher les Mamelucks jusqu'à cinquante pas ; alors une grêle de balles et de mitraille les accueillit si à propos qu'une partie tomba sur la place, et l'autre vint mourir sous le feu croisé des deux divisions dans l'intervalle desquelles elle s'était précipitée. Au même instant les retranchemens furent forcés malgré le feu de l'artillerie ; le reste des mamelucks, qui en sortit au grand galop, vint se précipiter sur les baïonnettes françaises : le massacre devint horrible ; la terre était jonchée de cadavres : ceux qui échappèrent de cette boucherie furent se jeter dans le Nil et se noyèrent.

Dans cette bataille meurtrière, presque tous les Beys furent tués ou blessés ; Mourat fut du nombre des derniers ; l'élite de leur cavalerie y périt : plus de quatre cents chameaux chargés de bagages, et cinquante pièces de canon tombèrent au pouvoir des Français.

Après une déroute aussi complète, l'ennemi eût tenté vainement de défendre la ville du Caire ; il l'évacua dans la nuit, ayant préalablement brûlé une partie de ce qu'il ne pouvait emporter, particulièrement ses chaloupes, corvettes et bâtimens de guerre.

Entré dans la ville du Caire, Bonaparte, dans une proclamation, félicita les habitans de cette grande cité de ne s'être point armés contre lui : « Je suis venu, leur dit-il, pour *détruire la race des mamelucks*, protéger le commerce et les naturels du pays. Que tous ceux qui ont peur se tranquillisent ; que ceux qui se sont éloignés rentrent dans leurs maisons ; que la prière ait lieu aujourd'hui comme à l'ordinaire, comme je veux qu'elle continue toujours. Ne craignez rien pour vos familles, vos maisons, vos propriétés, et surtout *pour la religion du prophète que j'aime.* »

C'est de ce lieu que Bonaparte envoya au Directoire le détail de ses opérations depuis son départ de Toulon. Il lui apprit en même temps le désastre de notre flotte, causé par l'obstination de l'amiral Brueys à demeurer dans la rade d'Aboukir, plutôt que de se mettre à l'abri de toute insulte en se retirant dans le port de Corfou. Mais, dit-il, si dans ce funeste événement il a fait des fautes, *il les a expiées par une mort glorieuse* (1).

---

(1) Dans ce combat, malheureux pour nos

Bonaparte ne resta au Caire que le temps qu'il fallait pour assurer sa nouvelle conquête et préparer celle de l'Egypte entière ; et le 8 août il se mit à la poursuite d'Ibrahim-Bey, qui fuyait avec son armée vers la Syrie. On fit une marche forcée de quatre jours, après lesquels notre avantgarde arriva à Salachick, dernier endroit habité de l'Egypte, au moment où l'arrière-garde d'Ibrahim, composée de neuf cents hommes d'élite, en partait.

Environ cinquante chasseurs et autant de hussards, chargèrent cette arrièregarde avec une intrépidité étonnante : ils obtinrent des succès, mais ils ne purent s'emparer de la riche colonne où se trou-

___

armes, où mille traits d'héroïsme honorèrent la valeur française, nous ne citerons que celui-ci : Dupetit-Thouars, capitaine du Tonnant, coupé en deux par un boulet, et vivant encore, fit jurer à son équipage *de périr plutôt que de rendre le vaisseau.* Il ordonna que ses restes fussent à l'instant jetés à la mer, *afin de ne point expirer prisonnier des Anglais.*

vaient les femmes et les trésors d'Ibrahim. Ce dernier, poursuivi dans le désert, abandonna deux pièces de canon et quelques chameaux chargés de tentes.

Arrivée à Belbey, l'armée française délivra une partie de la caravane de la Mecque, tombée au pouvoir des Arabes du désert.

Le 13 août, Bonaparte, son état-major et plusieurs membres de l'Institut de France, allèrent visiter les pyramides. Plusieurs muftis et imans l'attendaient à la grande pyramide de Cheops, afin de lui en montrer la construction intérieure. C'est sur la croupe des montagnes de Gizelo, au nord-ouest de Memphis, qu'il dit aux personnes de sa suite, en leur montrant ces masses indestructibles : *Du haut de ces monumens, quarante siècles nous contemplent.*

Bonaparte était instruit que les Beys avaient fait un traité d'alliance avec les Anglais; il craignait avec raison que, si la Porte s'unissait avec eux, il n'y eût une opération combinée contre l'Egypte ; et, pour la prévenir, il résolut de marcher contre Djezzar, pacha de Syrie, et de détruire en même temps les restes de l'armée d'Ibrahim qui fuyait vers Gaza : parti du Caire, il arriva à Suez le 26 décembre. C'est à trois lieues de cette ville, qu'en revenant de visiter les fontaines de Moïse, situées sur le bord de la Mer-Rouge, à l'entré du désert où les Israélites errèrent pendant quarante ans, il courut le plus grand danger, son guide l'ayant perdu dans des marais dont il ne se retira qu'avec beaucoup de peine, ayant de l'eau jusqu'à la ceinture. C'est aussi vers ces lieux que nos savans, après beaucoup de recherches, retrouvèrent des vestiges de ce fameux canal qui devait joindre la Mer-Rouge à la Méditerranée, et dont l'existence était un problème depuis plusieurs siècles.

Bientôt les troupes de Djezzar, qui s'étaient avancées jusqu'à El-Arisch, furent attaquées et culbutées par les divisions Regnier et Lagrange. Les Mamelucks s'enfuirent avec précipitation, Bonaparte fit investir la place et canonnerle fort; la garnison, forte de mille hommes, capitula et obtint la permission de se retirer à Bagdat.

On trouva dans le fort des vivres pour plusieurs jours, quelques pièces d'artillerie démontées et deux cent cinquante chevaux. L'aspect des plaines fertiles de Gaza réjouit l'armée qui venait de passer quatre-vingts lieues de désert. Le pacha Abdalla et ses mamelucks étaient campés en avant de cette ancienne capitale des Philistins; mais ils n'osèrent pas attendre les Français, dont tous les échos du désert avaient proclamé la vaillance.

On trouva dans Gaza quinze milliers de poudre, quelques pièces de canon, beaucoup d'orge et de riz, et cent mille rations de biscuit. La ville avait envoyé une députation au général en chef, qui la traita assez favorablement.

La France sauvée dans les champs de Zurich.

Laissons pour quelque temps les Français, étonnant de leur gloire, l'Afrique et l'Asie, cueillir des palmes triomphales sur les rives du Nil, de l'Arnon et du Jourdain; et rappelons quelques événemens qui, à la même époque, recommandaient en Europe cette gloire à la postérité.

Malgré les victoires multipliées des campagnes précédentes, malgré la prise du corps d'Auffensberg par Masséna, et ses brillantes et sanglantes actions contre le prince Charles, un an avait suffi pour changer notre position militaire : la fortune cédant au nombre, paraissait avoir abandonné nos drapeaux; l'Italie, ce prix de tant de triomphes, nous avait été presqu'enlevée; nos armées du Rhin s'étaient repliées vers nos frontières; toutes les forces d'une seconde coalition se réunissaient sous les ordres du prince Charles et de Suwaroff, pour achever nos défaites en accablant la partie de l'armée du Danube avec laquelle Masséna occupait l'Helvétie.

Cette situation était d'autant plus critique, que ce n'était plus seulement d'une armée qu'il s'agissait pour nous, *c'était de la France.* Masséna battu, son invasion était inévitable; de sorte que les destinées de la patrie se trouvaient dans ses mains.

Mais si les forces et les manœuvres de l'ennemi l'occupaient de la manière la plus sérieuse, les injustices du Directoire achevaient de rendre sa position plus difficile. En proie aux plus vives anxiétés, le gouvernement le pressait de combattre, et alla jusqu'à lui faire un crime de ce qu'il nommait ses retards.

Un homme ordinaire eût cédé : Masséna, inébranlable dans ses résolutions, attendit le moment qu'il avait fixé pour agir; et le passage de la Limath, la bataille de Zurich, la destruction de l'armée de Korsakorff et la défaite de Suwaroff, vérifièrent ses calculs, justifièrent sa conduite, sauvèrent la France, et, ainsi que le général Spreukporten le lui dit à Paris, lui valurent l'honneur d'être, depuis Charles XII, le premier général qui ait battu les armées russes.

Gloire aux braves que l'honneur guidait en ce jour sous les drapeaux de *l'Enfant chéri de la victoire !* les guerriers qui combattent pour sauver leur patrie du joug de l'étranger se couvrent de lauriers immortels !

Bataille d'Alkmaër.

Les Anglais avaient conçu le projet de s'emparer de la Hollande ; leurs flottes bloquaient la presqu'île du Helder, et l'or qu'ils avaient répandu excitant l'insubordination parmi les marins de l'escadre batave, forçait l'amiral Story à se rendre prisonnier, tandis que ses vaisseaux arboraient le pavillon Orange.

Par ce moyen, les Anglais pénétrant dans la rade du Texel, avaient pu débarquer facilement. Déjà le général Abercrombie avait obtenu quelques succès en contraignant le général hollandais Daendels à quitter les positions qu'il avait prises.

Un corps russe s'était joint à celui du général Abercrombie ; et l'armée anglo-russe, commandée par le duc d'Yorck, marchait sur Alkmaër, en avant de laquelle les Français et le général Brune, avec quelques renforts hollandais levés à la hâte, s'étaient retranchés.

Le 19 septembre, à la pointe du jour, l'armée française fut attaquée sur toute sa ligne, et Brune fit preuve tout-à-la-fois de génie, de sang-froid et de courage. Il déjoua les manœuvres des ennemis, les culbuta sur leur centre au moment où ils croyaient l'envelopper, et les força, après un combat long et terrible, à quitter le champ de bataille.

On vit le général français dans la mêlée charger lui-même à la tête d'un bataillon, enfoncer et renverser tout sur son passage. Un cavalier cosaque, qui fondit sur lui la lance en arrêt, lui fit courir le plus grand danger. Il eût infailliblement péri, si l'un de ses guides, en détournant le coup, n'eût démonté le cavalier, auquel il fendit la tête d'un coup de sabre.

L'ennemi espérait, en dispersant l'armée française, couvrir le chemin d'Amsterdam; mais cette défaite fit éclater la mésintelligence entre les soldats des deux nations. Les Anglais reprochaient aux Russes de n'avoir fait aucun mouvement pour les secourir lorsqu'ils étaient attaqués avec fureur par les Français. Tout-à-coup ils abandonnèrent tous les retranchemens qu'ils avaient construits; et pour empêcher les Français de les poursuivre, ils couvrirent leur retraite par des innondations, qui, en produisant la dyssenterie parmi leurs soldats, leur furent plus funestes qu'à nous.

Le duc d'Yorck, orgueilleux quoique vaincu, demandait à capituler, dans une lettre de deux lignes, invitant le général français à lire une longue dépêche de son secrétaire. Brune, modelant son style sur celui du prince anglais, lui envoya aussi une lettre de deux lignes, en l'invitant à son tour à lire une longue dépêche de son secrétaire, dans laquelle il exigeait la reddition du Helder, la liberté de l'amiral de Wenter, le renvoi de dix mille prisonniers, sans échange, et quelques millions.

Le duc d'Yorck, consentant à tout ce que désirait son vainqueur, accepta la capitulation, et livra au général Brune quatre lords pour garant de sa parole.

Année 1799.

Prise de Jaffa. — Horreurs commises par le pacha d'Acre. — Bataille du Mont-Thabor.

Quittons les marais de Batavie et retournons en Palestine, où nous avons laissé la brave armée d'Égypte.

La division Kléber formait alors l'avant-garde se dirigeant vers Jaffa, où elle arriva le 4 mars. L'ennemi, qui s'était retiré dans cette place, se préparait à faire une vigoureuse résistance. L'armée ayant pris position, la tranchée fut ouverte, et le 7 au matin la ville fut emportée d'assaut : on se battit dans toutes les rues. Après s'être rendus maîtres de la Tour-Carrée, les Français parvinrent à s'emparer du fort : alors la victoire fut certaine ; mais la garnison, que l'on avait en vain sommée de se rendre, fut passée au fil de l'épée : on trouva dans cette place vingt pièces de canon et dix obusiers.

Après les combats de Gorsum, de Caïfa et Cophtos, où une troupe de fanatiques, sous les ordres du schérif Hassan, fut taillée en pièces près de Thèbes par la division du général Béliard, qui avait traversé le Nil à Elkamonté, l'armée française traversa les gorges du Carmel et vint mettre le siége devant Acre (1), le 19 mars 1799.

Nous n'entrerons pas dans tous les détails de ce siége long et meurtrier, qui fut

---

(1) Cette ville est la même que Ptolémaïs, si célèbre du temps des croisades.

l'écueil des succès de Bonaparte dans cette partie du monde : nous dirons seulement que l'artillerie de siége qu'il avait fait embarquer à cause de la difficulté des chemins du désert, fut prise par les Anglais, et que cet accident fut cause que l'on donna inutilement plusieurs assauts sans pouvoir se rendre maîtres de la ville, bien qu'elle fût à demi brûlée ; qu'après l'un de ces assauts, où nous avions laissé des prisonniers, nos soldats trouvèrent le matin sur le rivage des sacs de peaux qu'ils ouvrirent, et dans lesquels ils virent avec horreur les corps de leurs malheureux camarades attachés deux à deux, sans têtes.

Des déserteurs nous apprirent que plus de quatre cents prisonniers chrétiens avaient été liés et mutilés de cette manière, puis ensuite jetés à l'eau par l'ordre du farouche Djezzar. *Cependant le pavillon anglais flottait sur les remparts à côté du sien*; et le général anglais souillait, en approuvant tant d'horreurs, ou en ne s'y opposant pas, la gloire de résister avec avantage au conquérant de l'Italie et de l'Egypte.

Le général en chef étant instruit qu'un corps considérable de janissaires de Damas, et de mamelucks d'Ibrahim-Bey, se préparait à fondre sur le général Junot à Nazareth, donna l'ordre au général Kléber de le joindre avec le reste de l'avant-garde. Alors se donna cette fameuse bataille du Mont-Thabor, où tous les prodiges de la valeur française se renouvellèrent. Généraux et soldats rivalisèrent d'ardeur; Kléber, avec deux mille hommes d'infanterie, soutint pendant plusieurs heures les efforts de vingt mille hommes de cavalerie. Murat enleva le camp du gouverneur de Damas, et Bonaparte, en tournant l'ennemi, le sépara de son camp et lui coupa toute retraite

L'armée d'Ibrahim, qui, par les mouvemens combinés de l'armée française, fut battue sur une ligne de neuf lieues, éprouva une perte immense.

Bonaparte, après avoir fait brûler les

villages de Froulé, Genin et Nousses, où des Français avaient été assassinés, suspendit sa vengeance et revint au camp devant Acre.

Cependant la saison des débarquemens approchait. Bonaparte n'était pas tranquille sur le sort de l'Egyte, que quelques jours de retard pouvait lui faire perdre, il résolut donc, après avoir tenté un dernier effort qui fut infructueux, de lever le siége, et le 18 mai, la proclamation suivante fut adressée à l'armée :

« Soldats !

» Vous avez traversé le désert qui sépare l'Afrique de l'Asie avec plus de rapidité qu'une armée arabe.

» L'armée qui était en marche pour envahir l'Egypte est détruite, vous avez pris son général, son équipage de campagne, ses bagages, ses outres, ses chameaux ; vous vous êtes emparés de toutes les places fortes qui défendent les puits du désert. Vous avez dispersé aux champs du

Mont-Thabor cette nuée d'hommes accourue de toutes les parties de l'Asie pour piller l'Egypte.

» Les trente vaisseaux que vous avez vu arriver devant Acre, il y a douze jours, portaient l'armée qui devait assiéger Alexandrie ; mais obligée de courir à Acre, elle y a fini ses destins : une partie de ses drapeaux orneront votre rentrée en Egypte.

» Enfin après avoir, avec une poignée d'hommes, nourri la guerre pendant trois mois dans le cœur de la Syrie, pris quarante pièces de canon, cinquante drapeaux, fait six mille prisonniers, rasé les fortifications de Gaza, Jaffa, Caïfa, Acre, nous allons rentrer en Egypte, la saison des débarquemens m'y rappelle.

» Encore quelques jours, et vous aviez l'espoir *de prendre le pacha même dans son palais;* mais, dans cette saison, la prise du château d'Acre ne vaut pas la perte de quelques jours; les braves que je devrais d'ailleurs y perdre sont aujourd'hui nécessaires pour des opérations plus essentielles.

» Soldats! nous avons une carrière de fatigues et de dangers à courir; après avoir mis l'Orient hors d'état de rien faire contre nous cette campagne, il nous faudra peut-être repousser les efforts d'une partie de l'Occident; vous y trouverez une nouvelle occasion de gloire; et si, au milieu de tant de combats, chaque jour est marqué par la mort d'un brave, *il faut que de nouveaux braves se forment,* et prennent rang à leur tour parmi ce petit nombre qui donnent l'élan dans les dangers et maîtrisent la victoire ».

Pendant les préparatifs de son départ, l'armée repoussa vigoureusement l'ennemi dans plusieurs sorties : une batterie de vingt-quatre et plusieurs mortiers qui jouèrent constamment pendant soixante-douze heures, rasèrent le palais de Djezzar et les principaux monumens de la ville. Enfin, après avoir levé le siége, l'armée se mit en route le 22 mai, et arriva au Caire le 15 juin. Les soldats, après tant de fatigues, éprouvaient presque autant de plaisir que s'ils rentraient dans leur patrie : leur belle tenue excita l'admiration des habitans.

Le fanatisme s'arme en vain contre la valeur.

Parmi les nombreuses révoltes qui eurent lieu en Egypte pendant cette expédition, nous en citerons une d'un genre singulier, qui servira à faire connaître le fanatisme de ce peuple. Vers la fin d'avril, une scène, la première de ce genre que nous ayions encore vue, mit en révolte la province de Bahhyreck. Un homme venu du fond de l'Afrique, débarqué à Dernech, arrive, réunit des Arabes et se dit l'ange El Mahdy, annoncé dans le Koran par les prophètes : deux cents meyhrebeyns arrivent quelques jours après, comme par hasard, et viennent se ranger sous ses ordres. L'ange El-Mahdy doit descendre du ciel. Cet imposteur prétend être descendu du ciel au milieu des déserts : lui qui est nu, prodigue l'or qu'il a l'art de tenir caché. Tous les jours il trempe ses doigts dans une jatte de lait et les passe sur ses lèvres ; c'est la seule nourriture qu'il prend.

Il se porte sur Demanhour, surprend soixante hommes de la légion nautique qu'on avait eu l'imprudence d'y laisser, au lieu de les placer dans la redoute de Rhamanié, et les égorge. Encouragé par ce succès, il exalte l'imagination de ses disciples ; il doit, en jetant un peu de poussière sur nos canons, empêcher la poudre de prendre et faire tomber devant les vrais croyans les balles de nos fusils. Un grand nombre d'hommes attestent cent miracles de cette nature qu'il fait tous les jours.

Le général de brigade Lefebvre part de Rhamanié avec quatre cents hommes pour marcher contre *l'ange* ; mais voyant à chaque instant le nombre des ennemis s'accroître, il sent l'impossibilité de pouvoir persuader par la raison une si grande quantité d'hommes fanatisés. Il se range en bataillon carré et tue toute la journée ces insensés qui se précipitaient sur nos canons, ne pouvant revenir de leur prestige. Ce n'est que la nuit que ces fanatiques, comptant leurs morts et leurs blessés, qui se trouvaient au nombre de plus de mille, comprennent que Dieu ne fait plus de miracles.

Le 9 juin, le général Lanusse, qui s'était porté partout où il y avait des ennemis à combattre, arrive à Demanhour, passe quinze cents hommes au fil de l'épée, et bientôt la place où fut la ville n'est plus indiquée que par un monceau de cendre. L'ange El-Mhady, blessé de plusieurs coups, sent lui-même son zèle se refroidir ; il se cache dans le fond des déserts, environné encore de quelques partisans ; car *dans les têtes fanatisées il n'y a point d'organes par où la raison puisse pénétrer.*

Anglais chassés d'Aboukir.

Il y avait un mois que l'armée française était de retour au Caire lorsqu'on y apprit le débarquement des Anglais et la prise d'Aboukir par ces insulaires, qui se préparaient à marcher sur Alexandrie.

A cette nouvelle, Bonaparte divisa l'armée en plusieurs corps, dont l'un fut destiné à protéger la navigation du Nil et les approvisionnemens du Caire ; l'autre à tenir en échec les forces de Mourat-Bey ; et le troisième enfin, à se porter sur les points occupés ou menacés par les soldats de la Grande-Bretagne.

Ces dispositions faites, les armées se mirent en mouvement; et le 26 juillet, tandis que le général Murat taillait en pièces les enfans du désert, nos bombes, qui réduisaient en cendres le fort d'Aboukir, forçaient les Anglais de chercher leur salut à l'ombre de leurs citadelles flottantes.

Armée d'Egypte abandonnée par son chef, et ce qui s'ensuivit.

Pendant ce temps, le faible gouvernement de la France paraissait tomber en dissolution. La République éprouvait une de ces crises funestes qui permettait de craindre que, pendant sa longue agonie, des flots de sang ne coulassent encore.

Bonaparte instruit par ses agens, prend soudain la résolution de revenir en Europe, mais il ne la communique pas à son armée; le général Berthier est seul instruit de son dessein. Il nomme Kléber capitaine-général de l'Egypte, et, s'embarquant le 25 août sur une frégate qu'accompagnaient trois autres petits bâtimens, il aborde à Fréjus le 9 octobre, sans observer les formalités de la quarantaine, et arrive enfin dans la capitale de la France, au moment où l'opinion publique le croyait encore dans les champs de Ptolémaïs.

On sait de quelle manière Bonaparte, nommé le 4 novembre par le conseil des anciens, commandant de toutes les troupes qui se trouvaient à Paris, se présenta le 9 (18 *brumaire*) au conseil des cinq-cents, transféré à Saint-Cloud, et comment, après avoir échappé aux poignards levés sur lui, lorsqu'on eut demandé qu'*il fût mis hors la loi*, il fit entrer une compagnie de grenadiers *au pas de charge* pour dissoudre le conseil (1).

Afin de ne pas nous écarter de notre but, nous n'entrerons point dans les détails de cette étonnante révolution, qui porta Bonaparte au consulat, et finalement à l'empire ; comme ce ne sont point les crimes de la politique et de l'ambition que nous voulons peindre, nous devons passer outre sur tout ce qui ne se rapporte pas à la gloire de nos guerriers.

---

(1) A la nouvelle de cet événement, le directoire, flétri par l'opinion publique, s'empressa de déposer le pouvoir qui s'échappait de ses mains.

ANNÉE 1800.

Bataille d'Héliopolis.

Tournons encore une fois nos regards vers l'Egypte, où le brave Kléber commande les débris de cette vaillante armée qui, entourée d'innombrables ennemis, ne se soutient plus que par son extrême valeur.

Depuis long temps aucun secours, aucune nouvelle n'arrivait de France. Kléber avait tenté plusieurs fois en vain d'ouvrir une négociation avec la sublime Porte. Il n'avait plus assez de forces pour tenir la campagne, et se trouvait réduit à la défensive, quand tout-à-coup 8000 janissaires, commandés par l'anglais Sidney-Smith, vinrent sur des embarcations de toute grandeur se jeter sur la côte de Damiette, où ils s'emparèrent de la Tour-de-Boüyase, le 29 octobre. Le général Verdier, chargé de défendre ce point, n'avait que mille hommes sous ses ordres ; cependant il se jette sur l'ennemi au moment du débarquement, le culbute, lui tue deux mille hommes, fait huit cents prisonniers, enlève trente-deux drapeaux, leurs canons et leurs magasins.

Cet avantage en produisit un autre; ce fut celui d'entrer en pourparlers. Le général Kléber écrivit au commodore Sidney-Smith; celui-ci lui répondit, et l'on signa de part et d'autre le traité connu sous le nom de convention d'El-Arich.

Par ce traité, conclu d'une part au nom de la France, et de l'autre au nom de la Turquie, de la Russie et de l'Angleterre, il était convenu que l'armée française évacuerait l'Egypte dans un temps qui serait déterminé par les hautes-puissances.

Kléber, pour leur donner une garantie de sa bonne foi, retira ses troupes de divers points qu'elles occupaient encore dans les environs du Caire : mais il s'empressait en vain d'exécuter le traité ; il reconnut bientôt toute la fausseté de la nation anglaise.

Un secrétaire du commodore lui apporta une lettre du commandant en chef des forces maritimes anglaises, en station dans la Méditerranée; il annonçait la rupture de l'armistice en déclarant le traité non avenu. Il est facile de voir que Sidney-Smith n'avait signé ces préliminaires que pour tromper le général français et l'engager à retirer ses troupes de la ligne qu'elles occupaient. C'est toujours à de pareils traits qu'on reconnaît la moderne Carthage.

Kléber ne répondit point à cette lettre, mais il la mit à l'ordre de l'armée, et dit:

« *Soldats! on ne répond à de telles insolences que par la victoire : préparez-vous à combattre* ».

L'armée française était campée alors devant les ruines d'Héliopolis; son général, pour ne pas attirer sur sa conduite aucun reproche, crut devoir, avant de donner bataille, adresser au grand-visir la lettre suivante :

« L'armée dont le commandement m'est

confié ne trouve point, dans les propositions qui m'ont été faites de la part de votre altesse, une garantie suffisante contre les prétentions injurieuses et l'opposition formelle du gouvernement anglais à l'exécution de notre traité : en conséquence, il a été résolu au conseil de guerre que la ville du Caire, ainsi que ses forts, demeureraient occupés par les troupes françaises jusqu'à ce que j'aie reçu du commandant en chef de la flotte anglaise dans la Méditerranée, une lettre directement contraire à celle qu'il m'a adressée le 8 janvier, et que j'aie entre mes mains les passe-ports signés par ceux qui ont le droit d'en accorder........

» La loyauté que j'ai apportée dans l'exécution ponctuelle de nos conventions, donnera à votre altesse la mesure du regret que me fait éprouver une rupture aussi extraordinaire dans ces circonstances, que contraire aux intérêts de la sublime Porte et de la république française. J'ai assez prouvé combien j'étais pénétré du désir de voir renaître les liaisons d'intérêt et d'amitié qui unissaient depuis si long-temps les deux puissances.

» *J'ai tout fait pour rendre manifeste la pureté de nos intentions : toutes les nations y applaudiront, et Dieu soutiendra par la victoire la justice de ma cause. Le sang que nous sommes prêts à répandre rejaillira sur les auteurs de cette nouvelle dissention.....*

» La sagesse accoutumée de votre altesse lui fera distinguer aisément de quelle part viennent les nuages qui s'élèvent, mais rien ne pourra altérer la haute considération et l'amitié bien sincère que j'ai pour elle.

» KLÉBER ».

Une partie de l'armée se trouvait dans la plaine de Coubé, les autres arrivèrent successivement, et Kléber, pendant la nuit, qui n'est jamais très-obscure dans ces climats, la rangeait en bataille, et la disposait par carrés, donnant le commandement de l'aile droite au général Friant, et celui de la gauche au général Regnier, tandis que le général Leclerc occupait le centre, avec la cavalerie disposée par colonnes. L'artillerie était aussi au centre et se trouvait défendue par les grenadiers et les sapeurs armés de fusils.

Les Turcs rassemblés sous les ordres du visir, entre El Hanka et Abouzabel, étaient au nombre de soixante mille. Six cents janissaires défendaient à Matharié le quartier-général de Nassif-Pacha. Les avant-postes musulmans se prolongeaient d'un côté jusqu'à la mosquée de Sibelli-Hassem, et de l'autre jusqu'au Nil.

Partie à trois heures du matin, notre aile droite arriva au point du jour au pied de la Mosquée. Quelques coups de canon avaient forcé six cents cavaliers turcs d'abandonner ce poste. Tandis que les deux carrés de gauche se présentaient devant le village de Matharié, la droite se portait sur Héliopolis, afin de couper la retraite à l'ennemi.

En observant les mouvemens de l'armée

turque, Kléber vit un camp de cavalerie et d'infanterie qui, après avoir fait un long détour, se dirigeait sur le Caire. Il fit charger cette colonne par les guides, mais ils furent soudain enveloppés, et se fussent difficilement tirés de ce danger, si le 14e. de dragons et le 22e. de chasseurs n'eussent volé à leur secours; l'ennemi, épouvanté par ce renfort, tourna bride et s'enfuit avec la rapidité de l'éclair.

Alors le général Regnier commença l'attaque du quartier-général. Des compagnies de grenadiers s'avancèrent au pas de charge pour emporter le village de Matharié. Les janissaires, sortant de leurs retranchemens, attaquent la colonne française à l'arme blanche. Un combat terrible s'engage, le carnage devient affreux. Les janissaires, que le feu des grenadiers arrête de front, sont mitraillés sur leur flanc par la colonne de droite, et tombent sous nos baïonnettes. C'est en marchant sur les morts et les blessés, dont les fossés sont remplis, qu'on enlève les retranchemens.

Les canons, les drapeaux et les queues de cheval, marques de la dignité des pachas, sont au pouvoir des Français. Une partie de l'infanterie turque se sauve dans des maisons embrasées et périt sous les décombres, et l'autre se précipite et tombe sous le feu de la division Friant. Le visir, accompagné d'un petit nombre d'hommes, se sauve avec peine à travers le désert, abandonnant à nos soldats un butin immense.

Les généraux Regnier, Friant, Beliard, Verdier, Zayonscheck, et le brave colonel Duranteau, se distinguèrent dans cette journée ; mais, pour payer à chacun le tribut d'éloges qui lui est dû, depuis le général en chef jusqu'au dernier soldat, tout le monde fit son devoir.

Cette victoire éclatante fit rentrer dans l'obéissance la plupart des villes d'Egypte qui s'étaient révoltées. Kléber fit alliance avec Mourat-Bey. Ces deux braves se jurèrent une amitié éternelle. Mourat gouverna depuis la Haute-Egypte au nom de la République française.

Il est probable que, sans la mort prématurée du vainqueur d'Héliopolis, assassiné par un fanatique Osmanlis, nous aurions pu conserver long-temps encore cette précieuse conquête.

Belle défense de Gênes.

C'est en se rappelant les calamités qu'éprouvèrent autrefois les habitans de Syracuse, de Jérusalem, de Samarie, de Sagonte et de Paris, que l'on peut se faire une idée à peu près juste de la situation où se trouvait la ville de Gênes, lorsqu'elle était, en 1800, assiégée par les Anglais et les Napolitains. On y voyait le peuple, privé des alimens les plus nécessaires à la vie, se disputer chaque jour les cadavres des animaux pour en faire sa nourriture, réduit enfin à la dernière extrémité, et, dans son désespoir, prêt à se révolter à chaque instant, s'il n'eût été contenu par la brave garnison française : celle-ci, excédée de fatigue et de faim, réduite elle-même, pour prolonger son existence, à manger ses chevaux, était obligée encore de soutenir journellement des combats.

L'illustre guerrier qui commandait cette place pouvait, en signant une capitulation honorable, y ramener l'abondance; mais ce mot de capitulation effrayait un courage sur lequel les périls et les dangers n'avaient point de prise, et l'*Enfant chéri de la victoire*, depuis si long-temps accoutumé à vaincre, ne pouvait se résoudre à recevoir la loi d'un vainqueur.

Masséna assemble ses officiers; il leur propose de réunir la garnison, de faire une dernière sortie, et de se frayer un chemin à travers des innombrables ennemis qui les entourent: *Vaincre ou mourir*, s'écrie-t-il. Tous répondent qu'ils sont prêts à le suivre, mais que leurs soldats, semblables à des spectres décharnés, n'ont plus la force de porter leurs armes.

C'est alors que, n'écoutant que la voix de l'humanité, et ne voulant pas exposer inutilement la vie de ses compagnons de gloire et le salut de la ville, il se résout à accepter un traité aussi honorable que sa défense.

Voilà quelle fut la conduite de Masséna à Gênes ; l'ennemi contre lequel il eut à soutenir tant de combats, était décuple en force et retranché sur d'inaccessibles montagnes. Le général français, supérieur au malheur comme à la fortune, trouve des ressources où personne n'eût songé à en chercher, résiste à toutes les offres et à toutes les séductions, commande, par son exemple, le courage, le dévouement, l'héroïsme et la résignation; et après avoir, pour ainsi dire, fait la guerre sans troupes à toute une armée, s'être battu souvent sans munitions, avoir suffi sans fonds à d'inévitables dépenses, nourri l'armée sans magasins, et fini par contenir et des soldats, et une grande population au désespoir, *changeant un revers en triomphe*, il dicte, dans cette effroyable position, des conditions au vainqueur ; et, comme un officier autrichien l'observe, il fait capituler l'Anglais avec lui, alors même qu'il ne permet pas que le mot capitulation soit employé dans le traité qu'il parvient à conclure. C'est à lui que l'amiral Keit disait : *Vous valez seul plus de vingt mille hommes* (1). C'est lui que le prince Henri de Prusse, frère de Frédéric-le-Grand, et si grand général lui-même, peignait si bien dans ces phrases dignes d'être rappelées :

« Le général Masséna, plus heureux
» que Léonidas, a deux fois défendu et
» sauvé sa patrie ; deux fois, avec des
» forces inférieures, il a battu des armées
» ennemies qui, fières de leur supériorité,
» ne comptaient que sur la victoire ».

---

(1) Dans la capitulation que proposèrent d'abord les Anglais, l'armée française devait rentrer dans sa patrie, et son général demeurer prisonnier. Masséna, indigné, jura de s'ensevelir sous les ruines de Gênes plutôt que de se rendre, ni même souffrir que le mot *capitulation* fût employé dans le traité. C'est ce qui fit dire à lord Keï : *Vous valez seul plus de vingt mille hommes; mais votre défense est si héroïque, qu'on ne peut rien vous refuser.*

Passage du Mont-Saint-Bernard — Bataille de Marengo.

Dans l'enthousiasme que devait naturellement produire, chez un peuple amoureux de la gloire, une longue suite de victoires éclatantes, il n'est pas étonnant qu'on ait comparé leur auteur aux premiers capitaines de l'antiquité ; le plus grand nombre ne prévoyait pas alors que, parvenu au rang suprême, Bonaparte, en faisant peser sur les nations un joug de fer, deviendrait la terreur des rois.

Cependant, après avoir comprimé les factieux, terrassé l'anarchie et permis aux citoyens paisibles de respirer, le consul victorieux, à la tête des phalanges invincibles de la grande Nation, brave les frimas, fait flotter ses drapeaux sur la cime glacée du Saint-Bernard et vole à de nouveaux triomphes.

Déjà la capitale de la Lombardie revoit dans ses murs celui qui devait bientôt dicter des lois à l'Europe. L'écho des Apennins, pour exalter sa renommée, s'unit aux nymphes de l'Adige et du Tagliamento, et la célèbre victoire de Marengo, qui couvrit les soldats français d'une gloire éternelle, remet encore une fois à l'heureux conquérant les destins de la superbe Italie.

De toutes les batailles qui illustrèrent nos armes, celle de Marengo est l'une des plus célèbres, tant par la valeur des guerriers qui y combattirent de part et d'autre, que par les avantages incalculables qu'en retira la France. Jamais succès ne fut mieux disputé et plus long-temps balancé.

Cent bouches à feu faisaient voler la mort dans nos rangs. La cavalerie ennemie manœuvrait pour tourner notre droite, et la garde consulaire avait déjà soutenu, sans s'ébranler, plusieurs charges très-meurtrières. Nos ailes étaient débordées et notre cavalerie enfoncée. Nos généraux considéraient la bataille comme perdue, quand deux divisions, commandées par Desaix, arrivent de dix lieues et se forment en colonnes serrées sous le feu de l'artillerie autrichienne, malgré qu'elle emporte à chaque volée des rangs entiers.

Tandis que le premier consul parcourt les bataillons et les anime du feu de son courage, Desaix s'avance au pas de charge à la tête de ses soldats. Déjà les fossés sont franchis; tout ce qui s'oppose à leur passage est écrasé, et la terrible baïonnette ouvre un champ libre à nos braves en moissonnant l'aile gauche de l'armée autrichienne. Mais, hélas! qu'un tel succès nous coûte cher! L'intrépide Desaix, frappé d'une balle, tombe sous le poids de ses lauriers. Le héros laisse échapper ces mots, d'une voix défaillante : *Allez dire au premier consul que je meurs avec le regret de n'avoir pas assez fait pour la postérité.*

En apprenant cette funeste nouvelle, Bonaparte s'écria : « Ah! pourquoi ne m'est-il pas permis de pleurer ».

Les soldats de Desaix, tels que ceux de Gaston dans les champs de Ravenne, animés du désir de venger leur général, chargent avec plus d'impétuosité encore, et l'ennemi, enfoncé sur tous les points, malgré sa résistance opiniâtre, est bientôt en pleine déroute. La victoire n'est plus douteuse ; elle distribue ses couronnes aux amans de la valeur.

Les généraux Kellermann, Lannes, Victor, Boudet, Rivaud et Carra-Saint-Cyr, se distinguèrent dans cette journée.

Le jeune prince Eugène de Beauharnais, héros à qui la France s'honore d'avoir donné le jour, se fit remarquer par son sang-froid et son courage. Joséphine eut à cette occasion le plaisir, bien doux pour une mère, de s'entendre dire, par son époux lui-même : « Madame, votre fils marche rapidement à la postérité ; il s'est couvert de gloire dans toutes les affaires que nous avons eues en Italie : il deviendra un des plus grands capitaines de l'Europe ».

Le lendemain de la bataille, nos grenadiers se disposaient à déloger l'ennemi du pont de la Bormida; mais un parlementaire envoyé par le général Mélas, fit cesser les hostilités. Un armistice fut signé le 15 juin, et l'on remit à l'armée française les villes d'Alexandrie, de Tortonne, de Milan, de Turin, de Pizzighitone, d'Arona, de Plaisance, de Céva, de Coni, de Gênes et de Savone.

ANNÉE 1801.

Bataille de Hoenlenden. — Belle proclamation du général Moreau.

L'ARMÉE FRANÇAISE, commandée par Moreau, marchait de triomphes en triomphes; un succès n'était que le prélude d'un autre: tout cédait à la force de nos armes, tout ployait devant un général qui joignait le plus grand sang-froid à une bravoure extraordinaire, et qui ne comptait pour rien les obstacles.

Bientôt l'armée passe le Rhin à Lucisteig et entre victorieuse à Feldkirck. Cette prise fut la dernière opération de la campagne de 1800 ; car le général Kray ayant fait des propositions d'armistice, des négociations s'ouvrirent pour en régler les conditions. Une convention suspendit toutes les hostilités. La ligne de démarcation fixée par l'armistice, s'étendit de la rive droite du Rhin dans les Grisons, jusqu'à l'embouchure du Mein, dans le même fleuve. Il fut convenu aussi que les places occupées par l'ennemi, et situées au-dedans de cette ligne, resteraient dans l'état où il serait constaté qu'elles se trouvaient au moment de la suspension d'armes. Cet armistice dut être regardé comme le prélude de la paix : les préliminaires en furent signés ; mais l'empereur d'Autriche refusa de ratifier le traité.

Le général Moreau écrivit à l'archiduc Jean, alors commandant en chef les troupes autrichiennes à la place du général Kray, qui venait d'être disgracié. Il disait dans sa lettre : « qu'attendu le refus de l'empereur de ratifier les préliminaires de paix arrêtés par son plénipotentiaire, il avait reçu ordre de son gouvernement de reprendre les hostilités, à moins que l'Empereur ne consentît à traiter avec lui d'un nouvel armistice ».

Craignant pour ses états, l'Empereur y consentit, et l'on convint d'une suspension d'armes de quarante-cinq jours, qui fut signée le 20 septembre; mais, *toujours influencé par le cabinet de Saint-James*, il profita de la prolongation accordée pour faire de nouvelles levées et pour réorganiser son armée.

La guerre ayant recommencé de nouveau, les premiers combats furent autant de succès, et préparèrent la fameuse bataille de Hohenlenden, qui se donna le 3 décembre, et fut tellement générale, que tous les corps de l'armée combattirent. Les Autrichiens se défendirent en vain avec le plus grand courage, ils ne purent résister à l'impétuosité des Français. L'artillerie se trouva presque inutile, et tout le terrain fut enlevé pied à pied à la baïonnette; ce qui rendit ce combat des plus sanglans.

Malgré le froid et la neige, qui tomba pendant toute la journée à gros flocons, l'armée française montra dans cette bataille sa valeur accoutumée. Les généraux Lecourbe, Richepanse, Decaen, Grenier, Ney, Grouchy, soutinrent vigoureusement toutes les attaques et se couvrirent de gloire.

Quatre-vingts pièces de canon, deux cents caissons, dix mille prisonniers, parmi lesquels on comptait trois généraux et un grand nombre d'officiers supérieurs, furent le fruit de cette victoire qui nous facilita les moyens de franchir rapidement l'Inn, la Saltz, Traunn, l'Ems, et de nous mettre en possession de Lintz, situé à dix-sept lieues de Vienne.

Il eût été aisé de pénétrer dans cette capitale, les Autrichiens, en déroute, n'ayant plus que de faibles obstacles à nous opposer; mais le général Moreau crut que s'arrêter au milieu des victoires les plus brillantes, était conforme au caractère de modération que montrait alors le chef du gouvernement français. Il accueillit donc les propositions que lui fit l'archiduc Charles pour la conclusion d'un *troisième* armistice, et une convention fut signée à Steyer le 25 décembre.

Le 27, le général Moreau adressa à son armée la proclamation suivante :

« Soldats !

« Après vingt jours, dont aucun n'a été perdu pour la gloire, vous avez traversé l'Inn, une des dernières barrières de l'Autriche. L'armée ennemie fuyait en désordre vers la capitale, lorsque le prince Charles, m'annonçant que l'Empereur était décidé à signer la paix, m'a demandé un armistice. A ce mot de paix, objet de vos travaux, but de toutes vos victoires, j'ai cru devoir arrêter votre marche et donner à l'Europe une nouvelle preuve de la modération de la république française.

» Soldats, nous ne devons pas craindre que cet armistice trompe nos espérances. Le prince Charles reprend aujourd'hui le commandement de l'armée autrichienne ;

guerrier recommandable, *il doit voir avec horreur le sang des braves vendu à l'or des insulaires.* Si cependant, contre toute vraisemblance, l'Angleterre parvenait encore à étouffer à Vienne la voix de la prudence et de la saine politique, vous ressaisiriez vos armes; et désormais, sourds à toute voie de conciliation, vous porteriez des coups mortels à des ennemis que la destruction seule pouvait désarmer. Les avantages que vous retireriez alors de l'armistice, feraient plus que compenser la perte de quelques jours de repos.

» Soldats, vos généraux vont vous cantonner dans le pays conquis par votre courage : commandez-y l'amour et l'estime par votre discipline et votre respect pour les propriétés. Ainsi, couverts de tous les genres de gloire, vous rentrerez au sein de la France, dont vous aurez contribué à assurer la paix et le bonheur ».

La paix vint en effet couronner la constance et la valeur de nos armées; elle fut signée à Lunéville le 9 février 1801.

ANNÉES 1802, 1803 et 1804.

Traité d'Amiens, violé aussitôt que conclu. — Préparatifs formidables qui font trembler l'Angleterre.

PENDANT le cours de ces années, il ne se passa pas, sous le rapport des événemens militaires, des choses bien importantes. Or, comme tout ce qui est purement politique n'est point ici de notre ressort, nous dirons seulement que le chef du gouvernement français fit des traités avec plusieurs puissances, entre autres celui d'Amiens, avec l'Angleterre, qui fut ratifié le 25 mars 1802, mais qui ne fut pas de longue durée.

L'Angleterre, en signant le traité d'Amiens, avait reconnu la dignité consulaire dans la personne de Bonaparte; rien n'empêchait alors de croire que la paix serait durable, et l'Europe consolée se livrait à cet espoir. Partout le commerce reprenait son activité; les arts, enfans du génie, renaissaient dans la France florissante; mais, *pour le malheur du monde*, un titre modeste ne convenait pas à celui qui nourrissait dans son cœur le désir de le dominer.

Bonaparte, en se faisant nommer empereur, ralluma des haines qui paraissaient étouffées, et fournit lui-même aux éternels ennemis de la France le prétexte d'une rupture.

ANNÉE 1805.

L'horizon se rembrunissait donc encore, le gouvernement de la France et celui de l'Angleterre s'accusaient mutuellement de n'avoir pas rempli les conditions du traité d'Amiens. Lequel des deux avait raison ? L'Angleterre retenait Malte, et le premier consul, en se donnant un nouveau titre, avait encore agrandi ses états. Il fallut donc de nouveau se préparer à la guerre; les Anglais nous la faisaient déjà.

Bonaparte avait écrit au roi de la Grande-Bretagne, pour lui manifester le désir et la nécessité d'entretenir la bonne intelligence entre les deux nations. On remarquait dans sa lettre les phrases suivantes :

« *La France et l'Angleterre usent leur prospérité* ; elles peuvent lutter des siècles, mais leurs gouvernemens remplissent-ils bien le plus sacré de leurs devoirs ? Et tant de sang versé inutilement et sans perspective d'aucun but, ne les accuse-t-il pas dans leur propre conscience ? Je n'attache pas de déshonneur à faire le premier pas, *j'ai assez, je pense, prouvé au monde que je ne redoute aucune chance de la guerre* ; elle ne m'offre rien d'ailleurs que je doive redouter ; la paix est le vœu de mon cœur, mais *la guerre n'a jamais été contraire à ma gloire.*

» Votre majesté *a plus gagné depuis dix ans, en territoire et en richesse, que l'Europe n'a d'étendue :* sa nation est au plus haut point de prospérité : que peut-elle espérer de la guerre ? coaliser quelques puissances du continent ?......

» *Une nouvelle coalition ne ferait*

qu'accroître la prépondérance et la grandeur de la France.

» Voudrait-elle détruire nos finances ? *des finances fondées sur une bonne agriculture ne se détruisent jamais.*

» Enlever à la France ses colonies ! les colonies sont pour la France un objet secondaire, et *votre majesté n'en possède-t-elle pas déjà plus qu'elle n'en peut garder ?*

» Quelle triste perspective de faire battre les peuples pour qu'ils se battent ! *le monde est assez grand pour que deux nations puissent y vivre,* et la raison a assez de puissance pour qu'on trouve les moyens de tout concilier, *si de part et d'autre on en a la volonté.* »

Cette lettre ne produisit qu'une réponse insignifiante, non du roi d'Angleterre, mais de lord Mulgrave, et Bellone déploya de nouveau ses étendards sanglans. Mais dans cette lutte Bonaparte ne pouvait faire briller ses talens militaires, et l'Angleterre, défendue par les flots de l'Océan, bravait impunément celui qui faisait trembler l'Europe.

Il n'en déploya pas moins la plus grande activité, et bientôt les ports de Boulogne, de Calais et de Dunkerque, présentèrent l'appareil le plus imposant. Les flottes de l'Angleterre s'étaient emparées du reste de nos colonies; mais c'est à Londres que l'on devait aller les reprendre.

Bientôt la Tamise étonnée devait voir arriver sur des bateaux plats une armée de cent mille hommes exercés aux manœuvres de la marine depuis plus de trois ans.

Il faut convenir que ce projet était grand, et malgré les froides plaisanteries de ceux qui le considéraient comme impraticable, il est constant que la superbe Albion fut alarmée des préparatifs de la France; c'est ce que prouvèrent la prodigieuse dépense et les vains efforts qu'elle fit tant de fois pour brûler la flotille de Boulogne.

L'armée et la flotille étaient formidables. Il y avait deux cents mille hommes de troupes. Cent mille devaient être embarqués à Boulogne, dix mille à Calais, vingt mille à Etaples, vingt mille à Ambleluse, et cinquante mille seraient restés à Boulogne et dans les environs comme corps de réserve. Bonaparte avait un corps de réserve bien plus fort; cent cinquante mille hommes étaient postés en échelons depuis Metz jusqu'à Boulogne. Cette réserve de l'armée destinée à envahir l'Angleterre, devint l'arrière-garde de celle qui marcha depuis contre l'Autriche.

La flotille était composée de trois mille bâtimens de toutes dimensions. Il y avait seulement quarante prames à trois mâts, qui n'offraient que très-peu de corps au-dessus de l'eau. Elles portaient six canons de trente-six à chaque bord, et il y en avait un à la poupe et un à la proue. Elles devaient recevoir cent hommes chacune.

Venaient ensuite les canonnières pontées, moins grandes que les prames, ayant aussi trois mâts, et portant six pièces de canon à chaque bord : on pouvait y embarquer quatre-vingts hommes. Elles étaient au nombre de quinze cents. Le reste était des bateaux plats, portant quatre pierriers à chaque bord. On pouvait embarquer cinquante hommes dans chaque.

La politique anglaise déjà si active, déjà si féconde en ressources, fit jouer alors tous ses ressorts, et parvint à former une nouvelle coalition. L'Autriche gagnée, en forçant, par ses armemens, Bonaparte à transporter sur ses frontières le camp de Boulogne, opéra en faveur de l'Angleterre la diversion la plus salutaire.

Il n'entre pas dans notre plan de juger les motifs qui déterminèrent cette puissance; mais si ce fut un simple manque de foi, elle le paya cher. Napoléon, avec sa célérité et son bonheur ordinaires, ouvrit cette immortelle campagne (1) de

---

(1) Parmi les faits d'armes les plus célèbres de cette courte campagne, on cite les batailles de Wertingen et d'Elchingen, où l'armée autrichienne perdit tous ses bagages; la prise d'Ulm,

soixante-dix jours, où les prodiges de valeur d'une armée, *justement nommée grande*, lui ouvrirent les portes de Vienne le 13 novembre 1805. Cette grande cité, qui avait résisté tant de fois aux armes ottomanes, vit, sans opposition, flotter sur ses tours les pavillons français.

Après une suite continuelle de triomphes, la victoire aux champs d'Austerlitz couronna nos guerriers de ses palmes immortelles, et la paix de Presbourg mit fin encore une fois à l'effusion du sang humain. Mais nous allons donner quelques détails sur la bataille célèbre qui amena ce glorieux résultat.

Bataille d'Austerlitz.

L'empereur François et les débris de l'armée autrichienne s'étaient retirés en

---

où le général Mack, dix-neuf généraux et trente-trois mille hommes furent faits prisonniers, et remirent au vainqueur 40 drapeaux et 60 pièces de canon.

Moravie, où l'armée russe, sous les ordres de l'empereur Alexandre, se trouvait réunie. Bonaparte ayant reconnu les positions formidables qu'occupait l'ennemi, feignit d'éprouver des craintes, et fit faire à son armée un mouvement rétrograde : ce mouvement produisit tout l'effet qu'il désirait.

Déjà toutes les dispositions étaient faites. Le maréchal Soult avait le commandement de l'aile droite, et le maréchal Lannes celui de l'aile gauche. Bernadotte, aujourd'hui roi de Suède, occupait le centre, et toute la cavalerie était sous les ordres de Murat.

Les divisions qui composaient l'aile droite étaient celles des généraux Davoust, Vandamme et Legrand. Celles de l'aile gauche, de Kellermann, Suchet, Caffarelli. Au centre se trouvaient Drouet-d'Erlon, Walter, Saint-Hilaire et Beaumont.

Bonaparte, Berthier, Junot et Oudinot se tenaient en réserve avec vingt bataillons, dont dix de la garde. L'emploi de cette réserve était de soutenir les divisions qui seraient dans le cas de plier, ou de porter le dernier coup à l'ennemi.

Ce fut avec une grande satisfaction que Bonaparte vit, le matin du 2 décembre, les Russes quittant les hauteurs qui leur donnaient tant d'avantages, descendre dans la plaine d'Austerlitz sur cinq colonnes. Les mouvemens qu'ils avaient remarqués la veille leur ayant fait croire que le chef de l'armée française avait dégarni son centre pour renforcer sa gauche, les engagèrent à se porter sur des points que nous n'occupions pas. Ils cherchaient, en faisant un long circuit, à nous envelopper, et ce mouvement mal combiné prépara leur défaite.

« Combien vous faut-il de temps pour couronner les hauteurs de Pratzen, dit Bonaparte à Soult? — Moins de vingt minutes, répondit le maréchal, car nos troupes sont placées dans le fond de la vallée, couvertes par le brouillard et la fumée des bivouacs; l'ennemi ne peut les apercevoir. — En ce cas, reprit le général en chef, attendons encore un quart d'heure. » Tandis que ces nouvelles dispositions se faisaient, le maréchal Bernadotte, avec les troupes qu'il commandait et une partie de la garde, gravissait les hauteurs : alors Napoléon donna le signal en ces termes :

« *Soldats ! il faut finir cette guerre par un coup de tonnerre.* »

Lannes, Murat et Soult partirent soudain au grand galop; presque au même instant une canonnade très-vive s'engagea sur la droite. Un bataillon de tirailleurs du Pô, et le troisième régiment d'infanterie légère, se trouvaient attaqués dans le village de Telnitz, par un détachement de cavalerie et d'infanterie russe et autrichienne. Des colonnes considérables vinrent encore les soutenir, mais ils furent repoussés avec perte; un de leurs régimens fut presque entièrement détruit. Cependant ils reçurent des renforts si considérables, que les nôtres furent obligés de reculer à leur tour. Ils abandonnèrent Telnitz, puis le reprirent et le reperdirent encore. L'avantage qu'on retira de ce combat, c'est que quatre ou cinq mille Français, maîtres d'un défilé, arrêtèrent pendant trois heures quarante-cinq mille ennemis.

Pendant ce temps, les deuxième et troisième colonnes russes s'approchaient du village de Sokolnitz, où les Français s'étaient retranchés sur une hauteur, de manière à rendre cette position inexpugnable. La canonnade des Russes ne produisit d'autre effet que celui de couvrir le village de ruines : ils s'y précipitèrent en désordre; mais bien qu'ils combattissent vaillamment, le peu d'ensemble qu'ils mirent dans cette opération les empêcha de se soutenir.

Leur centre s'isolait de plus en plus; ce que voyant Bonaparte, il lança sur ce point des masses destinées à le séparer de ses ailes : alors la canonnade s'établit sur toute la ligne, et le combat devint général, Soult, Bernadotte, Murat et Lannes se portèrent successivement sur tous les points. Le grand duc Constantin, le prince Jean de Lichteinstein et le général en chef Kutusow, parcouraient également les rangs de l'armée austro-russe. Tandis que Kellermann, soutenu de l'infanterie de Bernadotte, repoussait vigoureusement une attaque du grand-duc Constantin, le maréchal Lannes faisait faire volte face à ses troupes légères, passait dans l'intervalle des bataillons ennemis, et leur faisant essuyer un double feu, les poussait en désordre sur la cavalerie française placée en seconde ligne.

Le général des houlans, se trouvant pris entre les divisions Caffarelli et Rivaud, voyait tomber ses soldats par centaines, et tomba lui-même mortellement blessé.

Le centre des alliés, composé de 33 mille hommes, ayant l'empereur de Russie à sa tête, se trouvait tellement éloigné des autres colonnes, qu'il ne pouvait plus en attendre aucun secours. Les Français s'avançaient à pas lents ; leur contenance était celle des vainqueurs assurés de leur triomphe.

Cependant les Russes firent un dernier effort pour nous prendre en flanc et nous débusquer des hauteurs de Pratzen. C'est alors que le combat devint des plus meurtriers. Jusqu'à trois fois, la baïonnette en avant, ils s'élancèrent sur nous en poussant d'horribles cris.

Cette triple attaque ne put ébranler les bataillons français, dont l'artillerie non interrompue emportait des rangs entiers de leurs ennemis.

Etonnés d'une telle résistance, les assaillans s'arrêtent : après un moment d'incertitude, ils fuient en désordre, abandonnant leur artillerie qui, tournée aussitôt contre eux, leur fait éprouver une perte épouvantable, et décide la victoire en notre faveur.

Dans le même instant Bernadotte faisait éprouver au grand-duc Constantin des pertes immenses, en le délogeant de Blazowitz. Sa colonne fut mitraillée et écrasée sans ressource. Le maréchal Bessières, à la tête d'un corps de cavalerie, dans une charge brillante, renversa des bataillons entiers : le grand-duc, lui-même, ne dut son salut qu'à la vitesse de son cheval.

Le prince Bagration attaquait aussi le *Santon*, position fortifiée pour couvrir notre retraite en cas de revers. Il fut obligé de se retirer après avoir essuyé une perte considérable. Enfin la cavalerie russe encore intacte, fut chargée et renversée par les généraux Nansouty et d'Haupoult. Il n'en échappa qu'un petit nombre, et tous ses équipages tombèrent en notre pouvoir.

Une effroyable catastrophe acheva de porter la désolation dans le cœur des alliés. Une batterie de cinquante pièces de canon, protégée par quatre bataillons russes, voulant, pour fuir, traverser un lac glacé, la glace, surchargée d'un tel poids, s'entr'ouvre et engloutit hommes, chevaux, canons et bagages. Des milliers de soldats périrent, et leurs nobles antagonistes, qui, s'il fallait en croire des relations mensongères, auraient brisé la glace à coups de canon, ne purent s'empêcher de donner des larmes à ces victimes de leur bravoure.

Les généraux russes avaient rassemblé avec peine les débris de leur infanterie pour effectuer leur retraite, lorsque, par une manœuvre surprenante, les Français quittèrent les hauteurs d'Austerlitz et descendirent dans la plaine. Le général Vandamme fondit sur l'ennemi. *La garde*, qui faisait partie de sa division, renversait par la violence de son feu des colonnes entières. La cavalerie autrichienne, qui cherchait à couvrir cette retraite, fut criblée par la mitraille : enfin, de quatre-vingt-douze bataillons, huit mille hommes seulement parvinrent à se sauver, laissant en notre pouvoir cent cinquante pièces de canon, quarante-cinq drapeaux et tous les étendards de la garde impériale russe.

Les alliés perdirent dans cette journée quarante mille hommes, dont quinze généraux et quatre à cinq cents officiers. Notre perte fut d'environ mille hommes tués et quinze à seize cents blessés, parmi lesquels se trouvaient les généraux Saint-Hilaire, Walther, Kellermann, Sébastiani, Compan, Thiebaut et Rapp.

Nous eûmes à déplorer la perte du brave (1) général Valhubert, et des colonels Lacuée, Chalopin et Morland.

Toute l'armée française, selon son usage, se couvrit d'une gloire immortelle dans cette journée. Dans une proclamation qui lui fut adressée, on remarquait ces paroles mémorables :

« Soldats, lorsque vous retournerez en France le peuple vous recevra avec joie, et il vous suffira de dire : *J'étais à la ba-*

---

(1) Le général Valhubert, blessé à mort, disait à ses frères d'armes qui voulaient le secourir : « Sou-
» venez-vous de l'ordre du jour. Si vous revenez
» vainqueur, on me relevera après la bataille; si
» vous êtes vaincus, je n'attache plus de prix à
» la vie. »

taille d'*Austerlitz*, pour que l'on réponde : *Voilà un brave!*

Ce fut le lendemain de cette bataille que les empereurs d'Autriche et de Russie firent demander une entrevue au chef de l'armée française. Les hostilités cessèrent, et le 4 décembre on fixa les bases d'un armistice, qui fut signé le 6, et précéda la paix de Presbourg.

Par ce traité, conclu le 26 décembre, le grand Empire germanique fut dissous. Les souverains alliés reconnurent les rois de Bavière et de Wurtemberg; Venise, Gênes, la Toscane et les duchés de Parme et de Plaisance furent, sous la domination française, réunis au royaume d'Italie.

ANNÉES 1806 et 1807.

FUNESTE PRÉSOMPTION DES PRUSSIENS.

Bataille d'Jéna et de Friedland.

Dans ce temps, où le sceptre de Napoléon pesait sur tous les trônes, le roi de

Prusse, par une demande indiscrète, attirait sur lui le ressentiment du régulateur des monarques. Bonaparte, prenant pour une déclaration de guerre le désir exprimé par Frédéric-Guillaume, de voir ses forteresses évacuées par les Français, ressaisit ses foudres et court anéantir aux champs d'Jéna cette superbe armée prussienne exercée avec tant de soin, et qui, dans son orgueil, se croyait invincible.

Les Prussiens avaient déjà envahi la Saxe : Bonaparte partit de Saint-Cloud le 25 septembre 1806. Arrivé à Bamberg, il adressa, selon son usage, une proclamation à l'armée, dans laquelle il rappelait les menaces des Prussiens faites quatorze ans auparavant, et l'anéantissement de leur armée dans les plaines de la Champagne : « Soldats, ajoutait-il, l'ordre pour votre rentrée en France était parti; des fêtes triomphales vous attendaient, et les préparatifs pour vous recevoir étaient commencés dans la capitale. Mais lorsque nous nous abandonnions à cette confiante sécurité, de nouvelles trames s'ourdissaient sous le nom de l'amitié et de l'alliance. Des cris de guerre se sont fait entendre à Berlin. Depuis deux mois nous sommes provoqués tous les jours davantage....

» Soldats, il n'est aucun de vous qui veuille retourner en France par un autre chemin que par celui de l'honneur ; nous ne devons y rentrer que sous des arcs de triomphe................

» Marchons ! puisque la modération n'a pu les faire sortir de cette étonnante ivresse. Que l'armée prussienne éprouve le même sort qu'elle éprouva il y a quatorze ans ! Qu'ils apprennent que s'il est facile d'acquérir un accroissement de domaines et de puissance avec l'amitié d'un grand peuple, son inimitié est plus terrible que les flots de l'Océan. »

Nous allons donner un aperçu des principales dispositions de l'armée française. La droite se composait des corps des maréchaux Ney et Soult, et d'une division bavaroise ; réunie à Baireuth, elle devait se porter sur Hoff.

Les corps des maréchaux Lannes et Augereau formaient l'aile gauche dirigée sur Cobourg et Graffental.

La réserve du grand-duc de Berg, Murat, le corps du prince de Ponte-Corvo, Bernadote, celui du maréchal Davoust et la garde impériale, occupant le centre, débouchaient par Bamberg pour arriver à Saalbourg et à Schleitz.

Placée entre la Verra et la Saale, l'armée prussienne appuyait sa droite sur Eisenach, et sa gauche sur les hauteurs qui se trouvent entre la ville de Weimar et le bourg d'Jéna. Le centre était à Gotha-Erfurt. Les bois de la Thuringe et les montagnes qui bordent de ce côté la frontière de la Saxe couvraient son front. De nombreux avant-postes appuyaient toute sa ligne. Cette position, quoique formidable, ne donnait pas assez d'étendue à la gauche; ce qui facilita à l'armée française les moyens de la tourner, malgré tous les obstacles qu'elle présentait.

Le maréchal Soult, arrivé le 9 octobre à Hoff, préluda par l'enlèvement de tous les magasins de l'ennemi. Le corps de Murat avait passé la Saale, malgré la vive opposition de quelques régimens prussiens. C'est alors que le combat de Schleitz, le premier de cette campagne, s'engagea. Le prince de Ponte-Corvo emporta le village. Neuf mille ennemis furent taillés en pièces. L'infanterie prussienne jetant ses armes, fuyait épouvantée. Le grand-duc de Berg combattait au milieu des charges le sabre à la main.

Le 10, le maréchal Lannes, l'un des plus intrépides guerriers de notre armée, attaqua l'avant-garde du prince de Hohenlohe, qui se trouvait sous les ordres du prince Louis de Prusse. Il ne fallut que les 9º. et 10º. régimens de hussards, commandés par le général Suchet, pour culbuter dans un marais une partie de la cavalerie prussienne et pousser l'autre dans les bois. On tua à l'ennemi 600 hommes. On lui en prit mille et trente pièces de canon. Le jeune prince Louis de Prusse, emporté par son courage, périt dans ce combat. Voyant que ses escadrons pliaient de toutes parts, il attaqua avec furie un maréchal-des-logis du 10e. de hussards, qui lui cria : *Rendez-vous, colonel, ou vous êtes mort.* Le prince, pour toute réponse, lui asséna un coup de sabre, et le français, ripostant, lui plongea le sien au travers du corps. Deux de ses aides-de-camp étaient morts à ses côtés. De tels ennemis, en méritant l'estime de leurs vinqueurs, ajoutent à leur gloire.

C'est trop long-temps, peut-être, nous occuper de ces petits combats. Le roi de Prusse avait pris la résolution d'attaquer, et le 13 octobre son armée se trouvait entre Calpesdorf et Auerstadt, forte d'environ 150,000 hommes.

Le même jour, à deux heures après midi, le chef de l'armée française se trouvait à Jéna. Placé sur les hauteurs qu'occupait l'avant-garde, il vit les dispositions de l'ennemi. Tout paraissait se préparer pour l'attaque du lendemain. La position des Prussiens, qui défendait les chaussées d'Jéna et de Weimar, semblait inexpugnable. Ils savaient que l'armée française ne pouvait se déployer dans la plaine sans forcer ce passage, et le plateau qu'elle occupait était si étroit, qu'il paraissait impossible d'y faire monter l'artillerie. Cependant on employa toute la nuit à creuser le roc, et, au grand étonnement des Prussiens, le 14 au matin, la pointe du plateau était couronnée par une batterie française.

Notre grosse cavalerie n'était point encore arrivée, et pourtant il était du plus grand intérêt pour nous d'attaquer les premiers. Le corps du maréchal Lannes fut rangé en bataille sur le plateau, de manière à ce que chaque division présentât une aile. La garde, formée en bataillon carré, occupait le sommet.

C'est une chose bien digne de remarque, que de deux armées, dont l'une présentait un front de six lieues d'étendue, l'autre n'occupait qu'un point, en comparaison, presque imperceptible, mais l'activité et le mouvement n'étaient pas moins grands dans cette dernière que dans celle qui voulait lui disputer sa gloire.

Aux premiers rayons du soleil, les combattans avaient saisi leurs armes. La gauche du plateau offrait la division du général Gazan, rangée sur trois lignes; la droite, celle du maréchal Suchet, dans le même ordre; et, comme nous l'avons dit, la garde déployait ses régimens sur le sommet. Les canons de chacun de ces corps étaient placés dans les intervalles, et les troupes, que le plateau ne pouvait contenir, se déployaient dans les vallées voisines. Jamais une si grande armée n'avait dû déboucher par un si petit passage.

Un brouillard épais qui s'était élevé ne parut point nuisible aux opérations de l'armée française. Son chef lui adressa encore une courte harangue pour lui rappeler ses victoires antérieures. Toute l'armée s'écria d'une seule voix : *Marchons!* Et elle se précipita aussitôt dans la plaine, où bientôt elle fut mise en ordre de bataille.

Pendant ce temps, les Prussiens attendaient, pour agir, que le brouillard se dissipât : ils envoyèrent un corps de 50,000 hommes pour s'emparer des défilés de Koesen et de Naumbourg, mais il était trop tard; ils avaient été prévenus par le maréchal Davoust. Alors deux autres corps de l'armée ennemie, formant ensemble 80,000 hommes, se portèrent en avant dans la plaine déjà occupée par les Français.

Enfin, au bout de deux heures, le soleil ayant surmonté le brouillard, permit aux deux armées de s'apercevoir à très-peu de distance l'une de l'autre. Le maréchal Augereau occupait à gauche un village et des bois; Ney et Soult se trouvaient à droite; le maréchal Lannes était au centre.

L'armée prussienne était de la plus belle tenue, sa cavalerie, parfaitement montée, agissant toujours de concert avec l'infanterie, et manœuvrant avec une rapidité et une précision remarquables. L'armée française avait besoin encore de quelques heures pour réunir tous ses corps; mais nos soldats ne purent résister à l'ardeur qui les animait. L'action s'engagea au village de Hollstedt, occupé par Augereau : pour le soutenir, le maréchal Lannes reçut l'ordre de monter son corps en échelons. Sur la droite, Soult attaquait un bois et en chassait l'ennemi; de sorte que l'attaque, d'abord partielle, devint après générale.

Alors une masse de 250 à 300,000 hommes se mit en mouvement. La valeur, l'animosité paraissaient égales : sept ou huit cents pièces de canon vomissaient la mort; mais les Français, qui se font un jeu de l'affronter, ne pouvaient la craindre. La victoire ne fut pas incertaine un seul moment.

En un moment cette armée prussienne, si belle, si imposante, fut mise dans une déroute épouvantable. C'est en vain qu'elle voulut opérer sa retraite; d'abord elle le fit avec ordre; mais Murat et ses cuirassiers, indignés de voir la bataille gagnée sans eux, se précipitèrent sur l'ennemi avec tant de fureur, que, ne pouvant soutenir un si terrible choc, la cavalerie et l'infanterie furent renversées. En vain l'infanterie s'était formée en bataillons carrés. Cinq de ses bataillons furent enfoncés. Tout fut culbuté et pris.

Tous les généraux français ont signalé leurs talens et leur courage; tous les corps ont fait preuve de la plus grande intrépidité. Nous avons eu 4000 hommes tués (1) ou blessés. Un biscayen rasa la poitrine du maréchal Lannes, et le chapeau du maréchal Davoust fut percé de plusieurs balles.

L'ennemi perdit 30 drapeaux, 300 pièces de canon, et environ 40,000 prisonniers, parmi lesquels on comptait plusieurs généraux et lieutenans-généraux. Le nombre de ses morts s'élevait à plus de vingt mille. Le duc de Brunswick et le général Ruchel furent blessés mortellement.

---

(1) Le général Debilly, et les colonels Vergès, Lamotte, Barbanegre, Harispe, Marigny, Viala, Dulemberg, Higonet, furent du nombre des morts.

La capitale, les forts et les derniers remparts de la monarchie prussienne tombent au pouvoir des Français : son roi, fugitif, n'a plus d'espoir que dans les secours de son auguste allié l'empereur de Russie. Cet espoir s'évanouit dans la plaine de *Friedland*. La terre, desséchée par le souffle impur du démon des combats, y boit le sang des hommes. Le trône de Prusse est ébranlé ; il chancelle : mais le Dieu des peuples et des rois, jetant un regard de bienveillance sur l'Europe, a touché le cœur de ses maîtres. *Alexandre et Napoléon se sont embrassés* sur le fameux radeau. La discorde est encore une fois rentrée dans les enfers, et la paix est sortie des ondes du Niémen.

Une journée du siége de Dantzick.

Pendant le mémorable siége de Dantzick, où l'intrépide maréchal Lefebvre se fit distinguer par ses talens militaires et sa valeur, l'armée française se couvrit, comme à l'ordinaire, d'une gloire immortelle. Là, une foule de braves se signalèrent par tant d'exploits éclatans, qu'il faudrait plus d'un volume pour les raconter. Ce n'est que pour en donner un léger aperçu que nous mettons sous les yeux du lecteur un extrait du journal des opérations faites sur la basse Vistule et la presque île, dans la nuit du 6 au 7 mai.

La communication des troupes de la presque île avec le corps principal ne se faisant que par un long détour à cause des inondations, on avait projeté d'établir un pont sur la basse Vistule et le canal : d'un autre côté, la lunette dite de Kalkschantz, sur la rive gauche de la Vistule, quoique située dans un terrain beaucoup plus bas que celui des attaques, prenait en flanc et inquiétait les tranchées.

M. le maréchal Lefebvre résolut de s'emparer de l'île. Le général de division Drouet prépara tous les moyens d'attaque. L'adjudant-commandant Aymé fut chargé de l'expédition avec 800 hommes, tirés des divers corps des troupes assiégeantes. Vers dix heures du soir les pontonniers mirent à l'eau douze barques pouvant contenir chacune 25 hommes. On embarqua 50 grenadiers de la garde de Paris, 200 hommes des 2ᵉ. et 12ᵉ. d'infanterie légère, 50 canonniers, mineurs et sapeurs. Le capitaine Avy, aide-de-camp du général Drouet, marche avec les 50 grenadiers de la garde de Paris, sur la première redoute, et l'enlève sans tirer un coup de fusil.

L'adjudant-commandant Aymé marche sur la redoute de gauche, et le chef de bataillon Armand, sur les retranchemens de la pointe de l'île. Les Russes, qui défendaient cette extrémité de l'île, font, au milieu de la nuit, un feu mal dirigé et se replient. Nos têtes de colonnes les poussent à la baïonnette, entrent pêlemêle avec eux dans la principale redoute, et répondent à leurs cris par celui de *vive la France!* Le reste des Russes continuait à se retirer le long de leurs retranchemens, lorsque les troupes du général Gardanne, qui, au premier signal du débarquement, étaient passées dans l'île en traversant le canal, coupent aux Russes toute retraite. Ce qui échappe aux baïonnettes est fait prisonnier. Le succès était complet sur la gauche, lorsque le second débarquement, composé de Badois et de la légion du Nord, s'effectua. Le capitaine Avy, avec les Badois, emporte les retranchemens qui protégeaient la redoute de Kalkschantz, tandis que le chef de bataillon Roumitte attaque cette redoute par la rive gauche avec trois compagnies de la légion du Nord et une de Saxons, l'enlève malgré l'inondation et les palissades qui l'environnent, et y prend deux pièces de canon, 180 hommes et 4 officiers.

Pendant ce temps le capitaine Avy s'empara de la dernière redoute qui servait en tête de pont à l'ennemi au point de départ du canal. Dès-lors nous avons été maîtres de la totalité de l'île. Nous avons pris à l'ennemi, dans cette journée, 900 hommes, dont les trois quarts sont russes, 20 officiers et 17 pièces de canon.

L'ennemi a laissé trois cents morts dans les retranchemens, parmi lesquels le major russe commandant l'île. Notre perte a été peu considérable, trente-huit blessés, neuf tués, dont un officier, le capitaine Français, du 2°. d'infanterie légère.

A six heures du matin un pont de radeaux était déjà jeté sur le canal. On s'est occupé de celui sur la Vistule.

Jacquemart, mineur, a long-temps essayé, sous la mitraille, de limer la chaîne du bac par lequel l'ennemi pourrait communiquer, et a coupé le poteau auquel elle était attachée. Fortunas, chasseur au 12°. d'infanterie légère, s'étant porté en avant, était tombé au milieu d'une colonne de Russes qui criaient : « *Ne tirez pas, nous sommes Français.* » Menacé d'être tué s'il parlait, il s'écrie : « *Tirez, tirez, mon capitaine; ce sont des Russes.* »

Des traits semblables ne sont pas nouveaux dans notre histoire ; le fameux chevalier d'Assas en donna l'exemple à Clopsteskamp; mais cet héroïsme, qui caractérise une nation brave, semble être devenu l'héritage de tous les Français.

Réponse remarquable du maréchal Soult au général Kalkreuth, qui demandait un armistice.

Après l'immortelle journée d'Jéna, et avant la terrible bataille d'Eylau (1), le roi de Prusse demanda un armistice, qui lui fut refusé : cependant le bruit s'était répandu dans l'armée prussienne qu'il était signé.

Le maréchal Soult poursuivait la colonne où se trouvait le roi ; le général Kalkreuth, qui commandait cette colonne, manifesta le désir d'avoir un entretien avec le général français. Soult accepta la pro-

---

(1) La bataille d'Eylau fut donnée le 10 février 1807. La constance et l'intrépidité de nos braves leur donnèrent la victoire ; mais des flots de leur sang rougirent leurs lauriers.. Les palmes brillantes cueillies trois mois après à Friedland ne furent point arrosées de tant de pleurs.

position ; ils se rendirent l'un et l'autre aux avant-postes, et le général prussien tint ce discours :

« Que voulez-vous de nous ? le duc de Brunswick est mort ; tous nos généraux sont tués, blessés ou pris ; la plus grande partie de notre armée est en fuite : vos succès sont assez grands. Le roi a demandé une suspension d'armes ; il est impossible que votre souverain ne l'accorde pas. »

« Monsieur le général, répondit le maréchal Soult, il y a long-temps qu'on en agit ainsi avec nous ; on en appelle à notre générosité quand on est vaincu, et on oublie un instant après la magnanimité que nous avons coutume de montrer. Après la bataille d'Austerlitz, notre chef accorda un armistice à l'armée russe ; cet armistice sauva l'armée...... Voyez la manière indigne dont agissent aujourd'hui les Russes. On dit qu'ils veulent revenir ; nous brûlons du désir de les revoir. S'il y avoit eu autant de générosité chez eux que chez nous, on nous auroit laissé tranquilles, enfin, après la modération que nous avons montrée dans la victoire. Nous n'avons en rien provoqué la guerre injuste que vous nous faites ; vous l'avez déclarée de gaîté de cœur. La bataille d'Jéna a décidé du sort de la campagne. Notre métier est de vous faire le plus de mal que nous pourrons : posez les armes, et j'attendrai dans cette situation les ordres de mon souverain. »

ANNÉES 1808 et 1809.

Premières victoires en Espagne.

L'Espagne était depuis long-temps l'alliée de la France ; elle avait fait pour soutenir cette puissance les plus grands sacrifices. La discorde agitant son brandon, faisait siffler ses serpens dans ce pays, et l'on assure que Bonaparte ne fut point étranger aux intrigues qui divisèrent le monarque espagnol et son fils aîné, le prince des Asturies. Le peuple, fatigué du gouvernement du père, ou plutôt de celui du prince de la Paix, son ministre, que l'on disait vendu à la France, se prononça ouvertement en faveur du fils, et Charles IV, obligé d'abdiquer la couronne, vint à Bayonne implorer en faveur d'un père et d'un roi malheureux la protection puissante de Napoléon.

Le rôle de médiateur pouvait honorer ce dernier, qui vit les deux parties venir plaider leur cause au pied de son trône. Le devoir lui faisait une loi de rétablir dans ses droits celui à qui l'injustice les avait fait perdre. *Il parut le faire*; mais le roi Charles, au préjudice de ses enfans, abdiqua de nouveau en faveur de celui qu'il avait nommé l'arbitre de leurs différends.

Le prince des Asturies, obligé de signer sa renonciation au trône d'Espagne et des Indes, vint en France; et la junte espagnole, convoquée à Madrid, accepta pour roi Joseph Bonaparte. A cette nouvelle, de grands troubles éclatèrent à Madrid, mais ils furent bientôt réprimés par un corps considérable de troupes françaises commandé par le grand-duc de Berg.

De-là l'origine de cette guerre qui a coûté à la France tant d'or et de sang, et fourni à la nation espagnole l'occasion de déployer une énergie que depuis long-temps on était loin de lui soupçonner. Là, comme partout, les Français obtinrent d'abord les plus brillans succès, et, si dans la suite, après avoir fait des pertes considérables, ils furent obligés d'évacuer ce pays, la postérité saura que ce n'est point à leur valeur qu'il faut s'en prendre.

Bataille de Rio-Seco.

Les insurgés espagnols, fidèles à Ferdinand VII, avaient établi à Séville une junte suprême, nommé Castanos général en chef de l'armée d'Andalousie, et publié une proclamation foudroyante contre les Français. Les principes que contenait cette proclamation ne furent que trop suivis, les Espagnols déshonorèrent souvent la plus belle des causes en assassinant leurs ennemis désarmés. On ne lira pas sans horreur que, dans la ville de Valence, on vit tomber sous les poignards les arrière-petits-fils de plusieurs Français qui s'y étaient établis depuis plus d'un siècle.

Le maréchal Bessières, à la tête de 14,000 hommes, se dirigeait vers le royaume de Léon. Informé que Cuesta se portait sur lui avec une armée quatre fois plus nombreuse, il résolut d'aller lui-même à sa rencontre. Le 14 juillet, les deux armées furent en présence près de la ville de Médina-del-Rio Seco. Le général français ordonna l'attaque. La mêlée fut vive ; l'acharnement et la fureur des Espagnols excitaient ceux des Français. Le général d'Armagnac engagé le premier, se battait comme un lion. Les gardes wallonnes et de vieux régimens de Castille résistèrent avec opiniâtreté pendant une partie de la journée, mais enfin l'ennemi fut culbuté sur tous les points et mis en pleine déroute après six heures de combat. Sa perte fut immense. Vingt-sept mille morts restèrent sur le champ de bataille. L'artillerie, composée de quarante pièces de canon, tomba en notre pouvoir. Le maréchal Bessières, en poursuivant les fuyards, trouva à Villa-Pardo cinq milliers de poudre, à Benavente 26 milliers, dix mille fusils et deux cent mille cartouches. Généraux, officiers et soldats se couvrirent de gloire, particulièrement les 10e. et 22e. de chasseurs.

La présomption des Espagnols se fit passablement remarquer dans cette occasion. On trouva parmi les dépouilles des vaincus une quantité considérable de cordes et de fers qu'ils avaient apportés pour enchaîner les Français qu'ils devaient faire prisonniers.

Siége de Sarragosse.

Déjà la Catalogne était conquise ; le duc de Dantzick et le maréchal Victor poursuivaient les débris des armées de Venegas et de la Romana. Les Anglais, accourus pour défendre le Portugal, ne pouvaient soutenir la présence du maréchal Soult, duc de Dalmatie. Tandis qu'il signalait sa valeur en écrasant les soldats de la Grande-Bretagne, et son humanité, en traitant avec beaucoup d'égards les habitans paisibles, un corps d'armée de trente-un mille hommes assiégeait Sarragosse, où s'étaient enfermés cinquante mille insurgés. Cette place, où commandait Palafox, avait déjà résisté à nos efforts ; elle était une des plus fortes de l'Espagne.

Les préparatifs de défense faits par le général espagnol étaient formidables. Toutes les maisons ressemblaient à des forteresses ; elles étaient crénelées, garnies de munitions et d'artillerie : il fallait, après avoir pris la ville, les attaquer successivement, car les habitans étaient déterminés à se défendre jusqu'à la dernière extrémité ; aimant mieux s'ensevelir sous les ruines de Sarragosse que de se rendre aux Français. Les moines espagnols, semblables à ceux de la ligue, animaient les soldats et parcouraient les rues, tenant le sabre d'une main et un crucifix de l'autre. Les femmes mêmes étaient armées et combattaient.

L'église de Notre-Dame d'*El-Pilar* était un bel édifice que le général français avait fait ménager jusqu'alors. La vierge d'El-Pilar était renommée pour ses miracles dans tout l'Arragon, et le peuple superstitieux croyait que les boulets et les bombes ne pouvaient l'atteindre ; mais dans la suite il fut bien détrompé.

Ce siége, l'un des plus destructeurs dont l'histoire offre l'exemple, dura cinquante-deux jours. Les Français furent obligés de miner les édifices, les couvens et les maisons pour avancer. A chaque exploit leur conquête se réduisait à un monceau de ruines. Une maison prise n'empêchait jamais l'ennemi de se défendre dans celle d'à-côté, et nos guerriers, malgré leur intrépidité et leur valeur, ne marchaient cette fois à la victoire que bien lentement. Palafox entretenait de vaines espérances les habitans, qui supportaient des privations de tout genre; mais enfin la famine faisait d'horribles ravages; cent mille hommes entassés dans une ville qui n'en contenait ordinairement que quarante mille, avaient infecté l'air; déjà cinquante-quatre mille personnes de tout âge et de tout sexe étaient descendues dans la tombe: il fallut se rendre à discrétion.

Le 21 janvier 1809, la garnison déposa les armes et défila devant le maréchal Lannes. Les soldats et les habitans ressemblaient à des ombres. *Ces fortifications imposantes, ces monumens superbes, ces riches églises n'offraient plus qu'un monceau de décombres dans lequel le vainqueur étonné cherchait en vain Sarragosse.*

Encore la guerre avec l'Autriche.

Napoléon, avec la rapidité de l'éclair, promenait encore ses aigles dans les champs de l'Ibérie. Ce torrent fougueux eût alors entraîné tout ce qui paraissait vouloir l'arrêter dans sa course, si les préparatifs de guerre qui se faisaient à Vienne ne l'eussent rappelé à Paris plutôt qu'il ne le désirait. Obligé de retirer une partie de ses vieilles troupes pour les reporter sur le Rhin, ce fut depuis cette époque que les affaires d'Espagne allèrent de mal en pis, et que l'on n'obtint plus que des succès partiels.

Nous ne ferons pas sur cette campagne plus de réflexions que sur les autres. L'empereur d'Autriche déclara la guerre à la France le 27 mars 1809; Napoléon partit de Paris le 13 avril suivant, et entra le 12 mai dans la capitale de l'Autriche, après avoir gagné les batailles d'Eckmul et de Ratisbonne. Pour cette fois la guerre ne fut pas terminée là; il était écrit au livre des destins que des fleuves de sang devaient couler encore, et la bataille meurtrière d'Esling en fournit bientôt la preuve. C'est dans cette bataille que la France perdit *le brave des braves*, l'illustre maréchal

Lannes, duc de Montebello. *Honneur à sa mémoire !!!* (1)

Enfin, la bataille glorieuse et décisive de Wagram, où l'*Enfant chéri de la victoire*, quoique malade, la fixait sous nos drapeaux, produisit l'armistice de Znaïm, et l'humanité respira

Le 14 octobre le traité de Vienne fut conclu; on ne se doutait guère à Paris de ce qui devait le suivre (2); on était loin de croire que la bonne et bienfaisante Joséphine devait être la plus illustre victime de la politique ambitieuse de son

---

(1) Lorsqu'il fut porté au quartier-général, Napoléon le reçut les larmes aux yeux; et ce fut dans ses bras que le maréchal revint de son évanouissement : alors, se jetant au cou de son chef, il lui dit : « Dans une heure vous aurez perdu celui qui meurt avec la gloire et la conviction d'avoir été et d'être votre meilleur ami. »

(2) Par ce traité, l'empereur d'Autriche François II consentait à donner pour épouse à Napoléon sa fille chérie l'archiduchesse Marie-Louise.

époux ; devait enfin être sacrifiée par ce conquérant trop avide de gloire, qui crut rehausser l'éclat de ses triomphes *en unissant l'enfant de la Fortune à la fille des Césars.*

Exploits du prince Eugène en Hongrie.

L'archiduc Jean, à la tête de l'armée hongroise et autrichienne, était chargé d'empêcher l'armée d'Italie de se réunir à la grande armée française en Allemagne. Le vice-roi, après avoir obtenu divers succès, se trouvait aux environs de Raab, où il remporta une victoire mémorable le 14 juin 1809, jour anniversaire de la bataille de Marengo.

Les tirailleurs attaquèrent au point du jour l'infanterie légère ennemie qui couvrait le front de l'armée de l'archiduc, forte de cinquante mille hommes, et ayant l'avantage d'une superbe position ; mais l'ardeur des troupes s'augmente par le souvenir de la victoire qui a consacré cette journée. Tous les soldats poussent des cris de joie à la vue de l'armée ennemie qui était sur trois lignes.

Le vice-roi divise la gauche et la droite de son armée par échelons, place un corps d'observation sur la place de Raab, et à deux heures après midi la canonnade s'engage. A trois heures, le premier, le second et le troisième échelon en viennent aux mains. La fusillade devient vive. La première ligne de l'ennemi est culbutée; mais le second arrête un peu l'impétuosité du premier, qui est aussitôt renforcé, et la culbute.

Alors la réserve de l'ennemi se présente. Le vice-roi, qui suivait tous les mouvemens, marche de son côté avec sa réserve, enlève aux Autrichiens leurs belles positions, et à quatre heures la victoire est décidée. L'ennemi en pleine déroute, laisse un nombre considérable de morts sur le champ de bataille, et ne trouve de salut qu'en repassant le Danube à Comorn.

Quatre mille hommes faits prisonniers, dix pièces de canon, six drapeaux furent les trophées de la glorieuse journée de Raab, où le brave prince Eugène cueillit d'immortels lauriers. Ce prince fut constamment au milieu de la mêlée, déployant à la fois le plus grand sang-froid et le plus brillant courage.

Années 1810 et 1811.

Coup d'œil sur l'Espagne.

La paix de Vienne, en laissant respirer les peuples de l'Allemagne et de l'Italie, nous permet de reporter nos regards sur l'interminable guerre d'Espagne.

Après la prise de Sarragosse et les brillantes victoires remportées par nos armées, la pacification semblait prochaine; mais toutes les ressources de la superstition n'étaient point épuisées. La noblesse et le clergé surent en tirer un si bon parti, que toute la population, transportée d'une nouvelle fureur, courut de nouveau aux armes. Le cri de ralliement était : *Vincer o morir por el rey Ferdinando, por la patria et la religion.*

Une funeste expérience avait appris aux généraux espagnols que jamais ils ne vaincraient les Français en bataille rangée; ils furent donc obligés de changer leurs plans de campagne. Ils organisèrent des bandes qui se répandirent dans toutes les provinces de manière à pouvoir inquiéter et harceler l'armée française à toute heure et en tout lieu. Des troupes de partisans se formèrent afin d'attaquer et de vaincre partiellement l'ennemi commun.

Ces campagnes n'offriront donc que rarement de ces grandes actions, à la fois brillantes et décisives, mais la valeur française ne s'y fit pas moins remarquer dans une foule de combats particuliers; et plus les obstacles se multiplièrent, plus la gloire de nos guerriers dut s'accroître; aussi cette divinité des braves guida-t-elle constamment les maréchaux Ney, Soult, Suchet, Marmont et Victor dans toutes les expéditions qu'ils firent. Les batailles de Sierra-Morena, de Talavera, d'Almonacide, d'Ocana, d'Albufera, la reddition de Séville, les affaires d'Estramadure et d'Andalousie, les siéges de Lérida, de Tortose et de Tarragone, sont des événemens qui ont fait inscrire au temple de l'Immortalité les noms de nos guerriers qui ne s'y trouvaient pas encore.

Combat de Pombal.

Le génie et le courage de Massena avaient tenté vainement de chasser les Anglais des positions formidables qu'ils occupaient en Portugal.

Ne pouvant se soutenir dans un pays entièrement dévasté, où l'ennemi avait organisé, comme moyen de défense, l'insurrection des habitans et l'assassinat (1)

---

(1) On lit dans les Mémoires sur la guerre d'Espagne, par M. de Roca, qu'un paysan qui avait choisi pour retraite une caverne dans les environs de la ville de Thomar, tua de sa main plus de trente Français qu'il guettait et frappait par derrière lorsqu'ils étaient seuls.

des Français. Le prince d'Esling, qui venait d'apprendre qu'un convoi de vivres qu'il attendait, était tombé entre les mains des partisans espagnols, se décida à la retraite.

Notre armée se mit en mouvement dans la nuit du 5 au 6 mars 1811. Wellington, qui s'en aperçut, se mit aussitôt à sa poursuite; mais le maréchal Ney, qui se trouvait à l'arrière-garde, s'avança de Leyria à Muliano, afin de forcer, en prenant l'offensive, l'armée anglaise à l'inaction.

Nos dernières troupes sortaient à peine de Torrès-Novas, et déjà plusieurs escadrons de cavalerie anglaise entraient dans la ville au son de toutes les cloches.

Les Anglais ne se croyant pas encore assez en force, n'osèrent nous attaquer; mais les jours suivans, leur nombre s'étant accru de plus du double, ils se présentèrent avec assurance dans la plaine de Pombal, bien déterminés à livrer bataille.

Malgré que la cavalerie anglaise fût de beaucoup supérieure à la nôtre, que leurs chevaux fussent plus frais, et qu'ils eussent l'air de se prévaloir de leurs avantages, le général Montbrun, à la tête de ses dragons, le sabre à la main, attendit de sang-froid leur première charge. Le succès couronna l'espérance des braves que des fanfaronades n'intimident pas. Déjà une partie des assaillans, tués ou blessés, était hors de combat quand nos dragons chargeant à leur tour, culbutèrent et mirent dans le plus grand désordre toute cette cavalerie : prouvant encore une fois à l'orgueilleux insulaire, *que ne défendaient plus d'inattaquables retranchemens*, que pour vaincre, la valeur française n'a jamais calculé le nombre de ses ennemis.

Après ce combat glorieux pour nos armes, nous poursuivîmes notre retraite. Un de nos bataillons se trouvait encore dans la petite ville de Pombal, quand les Anglais rassemblant toutes leurs forces vinrent courageusement l'attaquer. Bien qu'ils parvinssent à s'emparer de la ville, leur triomphe cependant ne fut pas si facile qu'ils l'espéraient, les braves qu'ils croyaient faire prisonniers se battirent *à la française*, et le maréchal Ney envoyant un régiment à leur secours, la ville fut reprise et les Anglais écrasés. Cette leçon que donna à lord Wellington le duc d'Elchingen, lui apprit qu'il est souvent dangereux de suivre de trop près des gens qui ne fuient pas.

Le jour suivant, notre arrière-garde, toujours commandée par *le brave des braves* (1), fut encore attaquée par trente mille hommes de l'armée anglaise, auxquels elle tua un général, plusieurs officiers et un grand nombre de soldats. Le 50e. et le 27e. se distinguèrent dans cette affaire.

Résolution hardie.

Le brave général Brennier, enfermé

---

(1) C'est le nom que l'armée avait donné au maréchal Ney après la mort du duc de Montebello.

dans Alméida avec une garnison de quinze cents hommes, manquant de vivres et sans espoir d'être secouru, ayant reçu du prince d'Esling l'ordre de détruire le matériel de la place, fit miner les fortifications, y mit le feu, et, au moment de l'explosion, s'ouvrit avec sa petite troupe un chemin à travers l'armée anglaise, forte de quarante-cinq mille hommes, et fut rejoindre l'armée de Massena, qui était en train d'opérer sa retraite. Les bataillons que Brennier avait culbutés furent couverts de honte, et son action comparée aux plus beaux traits de courage cités dans l'histoire.

Bataille de Toulouse.

La bataille des Arapilez, qu'une circonstance (1) malheureuse fit perdre au

---

(1) La bataille était presque gagnée lorsqu'une fausse manœuvre du général Thomière facilita à Wellington le moyen de couper notre aile gauche qui, trop éloignée de son centre, fut mise en déroute. Le général Thomière paya cette faute de sa vie.

duc de Raguse, avait facilité aux insurgés espagnols et aux Anglais les moyens de rentrer dans Madrid, que Joseph avait quitté pour se mettre à la tête de l'armée mise en déroute à Vittoria. Par suite de ces revers, l'armée d'Andalousie, commandée par le duc de Dalmatie, s'était retirée sur Burgos, d'où elle rentra en France après avoir, pendant sa retraite, soutenu divers combats dans lesquels l'honneur français ne fut point compromis.

En rapportant ici la bataille de Toulouse, nous anticipons sur les événemens, puisqu'elle ne fut donnée que le 10 avril 1814, et que, préalablement, nous aurions dû présenter les faits de la campagne de Russie, de celle de Saxe et de celle de France; mais la bataille de Toulouse appartient à la guerre d'Espagne, puisque les deux armées combattantes sortaient de ce pays. Comme elle est le dernier et l'un des plus glorieux faits d'armes des Français dans cette guerre impolitique et malheureuse, nous n'avons pas cru devoir l'isoler. D'ailleurs, malgré le soin que nous prenons de classer les événemens, nos lecteurs se souviennent que nous n'avons pas pris l'engagement de leur en offrir l'histoire suivie.

Wellington, désirant prouver son zèle pour la cause des Bourbons, s'était emparé de Bordeaux au moyen des intelligences qu'il eut avec M. Linck, maire de cette ville. Bientôt les alliés occupèrent Paris, et le roi de France remonta sur le trône de ses pères. Dès ce moment la paix dut être proclamée par toute la France; pourquoi des flots de sang inondèrent-ils encore les campagnes de Toulouse?

L'humanité ne peut que gémir d'un tel malheur. Mais le duc de Dalmatie, ignorant ce qui se passait dans la capitale, dont il n'avait pas reçu de nouvelles depuis long-temps, crut servir sa patrie en acceptant la bataille qui lui était présentée. Cependant il n'avait que dix-huit à vingt mille hommes, et l'armée anglo-espagnole était forte de *quatre-vingt mille*.

Le division Villate fut d'abord attaquée près de la rivière d'Ers, par le général anglais Béresford. Villate et ses soldats se défendirent avec le plus grand courage, tuèrent à l'ennemi beaucoup de monde, et gagnèrent les redoutes qui avaient été construites pour défendre Toulouse.

Dans le même instant la division d'Armagnac fut attaquée par le général espagnol Freire. Les Français montrent d'abord un moment d'hésitation; puis, comme par une inspiration soudaine, ils tombent sur les Espagnols, les culbutent et les dispersent. Le général Freire veut envain rallier ses soldats, qui, sourds au commandement, renversent leur chef dans un fossé, le foulent aux pieds et s'enfuient en désordre. Les Anglais, spectateurs presque immobiles de la honte de leurs alliés, ne font que de faibles efforts pour la réparer. Cependant une de leurs colonnes cherche à s'emparer des retranchemens qui défendent le premier pont du canal de Toulouse; croyant ne pas y trouver de résistance ; mais elle est mitraillée par une décharge épouvantable qui fait tomber ses soldats par centaines. Des ruisseaux de sang coulaient sur la terre ; les morts et les mourans, entassés les uns sur les autres, offraient un spectacle horrible.

La perte éprouvée par les Anglais semble ranimer leur courage ; une redoute construite sur les hauteurs de la Pujada est attaquée avec furie par deux divisions. Les Français l'abandonnent momentanément ; mais, soutenus par des troupes fraîches, ils reviennent à la charge. Le combat se renouvelle avec un acharnement qu'on ne peut décrire : le sang coule à grands flots, et la mort fauche les Anglais par milliers.

Leur général incertain ne sait s'il doit abandonner le champ de bataille et céder la victoire. Cependant il frémit de voir quatre-vingt mille Anglais, Espagnols et Portugais, vaincus par une poignée de Français ; et son orgueil blessé à cette pensée, lui fait renouveler les attaques.

On se bat de nouveau avec une opiniâtreté invincible. Il était trois heures quand le duc de Dalmatie ordonna au général Taupin de faire un mouvement pour couper l'armée alliée. Ce mouvement exécuté avec prudence, décidait la victoire en notre faveur. Mais le général Taupin, n'écoutant qu'une valeur irréfléchie, se précipite sur l'ennemi, est repoussé et tombe percé de coups. Dans le même moment le général Lamorlière était dangereusement blessé. Alors le maréchal Soult, craignant de compromettre le salut de son armée, ordonna la retraite, qui s'effectua dans le plus grand ordre, et nous prîmes position autour du canal.

Nous perdîmes dans cette affaire trois mille hommes, les alliés en perdirent vingt-quatre ou vingt-cinq mille, et c'est bien en vain que, dans certaines relations, ils ont voulu faire croire que la victoire était de leur côté, car si quelques jours après cette bataille ils occupèrent Toulouse, c'est qu'alors les nouvelles du changement de gouvernement y étaient arrivées. Cette bataille mémorable sera donc comptée parmi celles qui ont signalé au plus haut degré la valeur française.

―――――

Année 1812.

Campagne de Moscou.

La paix de Tilsit, comme toutes celles qui l'avaient précédée, ne présentait malheureusement pas l'espoir d'une longue durée ; elle était trop onéreuse à l'une des parties contractantes, qu'elle ne pouvait manquer de ruiner en lui interdisant tout commerce avec les Anglais.

Les Français, avec plus d'apparence, fondaient leur bonheur sur le traité de Vienne. Cet espoir si mal fondé était toujours celui qui ne se montra tant de fois à nos yeux que comme ces exhalaisons de la terre, ces météores, connus du vulgaire sous le nom d'esprits follets, dont la lumière trompeuse égare les voyageurs peu instruits qui ont l'imprudence de les prendre pour guides.

Bonaparte accusait l'empereur de Russie d'avoir violé ses sermens; et, sous ce prétexte, il ébranlait de nouveau le monde, pour l'associer au plus gigantesque des projets sortis d'une tête humaine. En effet, il ne s'agissait de rien moins que de transporter l'Europe en Asie; car quel homme oserait assurer que celui qui commandait alors à tant de rois, voulait arrêter son char victorieux sur les confins du pôle arctique.

Nous n'entrerons point dans les détails de cette expédition malheureuse qui attira sur notre patrie tant de calamités. Nos désastres furent grands, et pour les exagérer encore on a quelquefois oublié que la vérité ne doit écouter ni ressentiment ni haine. Laissons donc à d'autres le soin de faire frémir l'humanité par des récits horribles; laissons-les vouer à l'exécration des siècles les auteurs de nos maux, et souvenons-nous que notre plume n'est consacrée qu'à célébrer la gloire de nos braves.

L'armée française réunie sur la Vistule était l'une des plus belles que jamais le monde ait vue : elle était composée presque en totalité d'anciens militaires accoutumés à la victoire ; plusieurs rois à la tête des troupes de leurs nations, en faisaient partie. Le 3 juin Napoléon arriva à Wilna. Une députation lui en avait porté les clefs. L'empereur Alexandre avait quitté cette ville quelques jours auparavant.

Parmi les premiers combats qui eurent lieu, et dans lesquels les Russes furent constamment repoussés, on cite celui de Mohilow, où le prince Bagration vint avec une nuée de cosaques attaquer le prince d'Eckmühl, qui, avec trois bataillons d'élite, les culbuta, les chassa des positions dont ils s'étaient emparés et les força à repasser le Dnieper.

Au combat d'Austrowno, le 27 juillet, deux cents voltigeurs français furent investis par quinze mille hommes de cavalerie russe. Ces deux cents braves firent des prodiges de valeur; ils jetèrent plus de trois cents hommes par terre, et donnèrent le temps à la cavalerie française de déboucher pour venir à leur secours. Toute l'armée placée comme en amphithéâtre sur les collines environnantes, fut témoin de leur valeur; et son chef envoya un de ses aides-de-camp demander de quel corps ils étaient? Sur leur réponse, qu'ils étaient du 9e. régiment, *presque tous enfans de Paris :* « Allez, dit Napoléon, leur dire que *ce sont de braves gens. Ils ont tous mérité la croix!* (1) »

Ils obtinrent en effet le lendemain ce signe de l'honneur et de la vaillance.

Bataille et prise de Smolensk.

Les mouvemens que nous avions faits

---

(1) Cet éloge est digne de celui qu'il fit le lendemain de la bataille d'Austerlitz des soldats du 57e., *conscrits du Calvados et de la Seine-Inférieure.* Ce régiment, surnommé *le Terrible*, avait juré de vaincre. Bonaparte dit : *Les Normands ont tenu parole; ils se sont distingués!*

jusqu'alors faisaient croire à l'ennemi que nous attaquerions Smolensk par la rive droite du Borysthène, quand tout-à-coup le chef de l'armée, par une manœuvre inattendue, la fit passer toute entière sur la rive gauche de ce fleuve. Le roi de Naples commandait l'avant-garde ; appuyé par le corps du maréchal Ney, il arrive à Krasnoë, attaque une division russe forte de neuf mille hommes, la culbute, et dans cette brillante affaire fait beaucoup de prisonniers et prend des canons et des drapeaux. L'armée se présenta devant Smolensk le 16 août au matin.

Cette ville a pour enceinte une muraille crénelée de 4000 toises de circonférence, épaisse de dix pieds et haute de vingt-cinq, flanquée de distances en distances d'énormes tours en forme de bastions, dont la plupart étaient armés de pièces de gros calibre. Toujours persuadés qu'on les attaquerait par la rive droite du Borysthène, les Russes y conservaient une grande partie de leurs troupes. Ils furent étrangement surpris en nous voyant arriver par la gauche, et se portèrent en toute hâte sur le point attaqué.

Après avoir passé la journée à reconnaître la place, Bonaparte donna sa gauche, appuyée sur le Borysthène, au duc d'Elchingen, la droite au prince Poniatowski, et le prince d'Eckmülh eut le centre. La cavalerie du roi de Naples appuyait la droite, et la gauche formait la réserve.

Trente mille hommes étaient dans Smolensk, et le reste de l'armée russe se trouvait en bataille sur la rive droite, communiquant par les ponts construits au-dessous de la ville. Bonaparte ne voulant pas donner le temps à la garnison de se fortifier davantage, donna ordre au prince Poniatowski de se porter en avant, entre Smolensk et le Borysthène ; lui commanda d'établir des batteries pour détruire les ponts, afin d'intercepter la communication entre les deux rives. Pendant ce temps le maréchal Davoust fit attaquer deux faubourgs retranchés que défendaient 14 ou 15,000 hommes d'infanterie. Le général Friand achevait l'investissement entre le premier corps et celui des Polonais.

La cavalerie légère des Russes fut chassée vers midi par celle du général Bruyères, qui prit possession du plateau le plus rapproché du pont : soixante pièces de canon furent mises en batterie, et tirèrent si juste sur les masses rangées sur l'autre rive, qu'elles furent obligées de se retirer.

On nous opposa en vain deux batteries de vingt pièces pour répondre aux nôtres. Chargé d'enlever la ville, le prince d'Eckmülh confia l'attaque du faubourg de droite au général Morand, celle du faubourg de gauche au général Gudin. Ces positions furent enlevées après une vive fusillade. L'ennemi fut poursuivi avec une intrépidité rare, jusque sous le chemin couvert qui fut jonché de cadavres.

Notre aile gauche enlevait également les retranchemens occupés par les Russes de ce côté. Le duc d'Elchingen les obligeait de rentrer dans la ville. Ils se réfugièrent dans les tours et sur les remparts, qu'ils défendirent avec un acharnement épouvantable.

Le général russe Barclay de Tolli, voyant bien que l'assaut se préparait, fit renforcer la garnison par deux divisions et deux régimens d'infanterie de la garde d'Alexandre.

Après un combat meurtrier qui dura une partie de la nuit, on aperçut une immense colonne de fumée; bientôt les flammes se déployèrent et se communiquèrent aux principaux quartiers de Smolensk. A une heure du matin les débris sanglans de la ville furent abandonnés, et quelques régimens laissés sur les remparts pour protéger la retraite firent, toute la nuit, un feu continuel. La troisième compagnie de carabiniers du 15e. régiment d'infanterie légère, surnommé le Brave à Austerlitz, avait reçu l'ordre de monter à l'assaut sous le commandement du lieutenant Laby. Le général Friand vint lui-même à deux heures du matin éveiller cet officier; celui-ci fit mettre sa troupe sous armes, en prit le commandement, et chacun partit avec confiance sous la conduite d'un chef dont il connaissait la bravoure. A l'approche de nos carabiniers, les Russes se retirèrent, et nos soldats parvenus sur le rempart, furent étrangement surpris de ne trouver personne. Alors on put prendre possession de la place, sans résistance. On trouva dans cette solitude plusieurs pièces d'artillerie que l'ennemi n'avait pu emmener.

L'intérieur de cette cité détruite offrait un spectacle bien affligeant pour l'humanité. Partout des monceaux de morts et de mourans encombraient les rues. Quelques habitans qui avaient survécu à la destruction de leur ville, se traînant avec peine parmi ses décombres, imploraient en pleurant la clémence des vainqueurs ; et ces guerriers, si terribles et si fiers dans les combats, ne pouvaient s'empêcher de gémir sur le sort des victimes de l'ambition et de la mauvaise foi.

Cette bataille coûta à l'ennemi plus de quinze mille hommes, nous en perdîmes environ trois mille. Après cette affaire, l'armée russe se retira dans un lieu nommé *le Champ-Sacré*, qu'une vieille tradition désignait comme heureux pour la nation. C'était en effet un plateau si bien disposé par la nature, qu'il était considéré comme inexpugnable, parce que, dans leurs anciennes guerres, les Russes avaient plusieurs fois de ce lieu repoussé victorieusement les attaques des Polonais. Il ne leur fut pas aussi facile de repousser celle que firent, le 19 août, le roi de Naples et le duc d'Elchingen. Le corps du prince Bagration y fut taillé en pièces. Les Russes s'enfuirent vers Moscou, en laissant le Champ-Sacré couvert de leurs morts; et par cette victoire, la plus grande partie des charriots et des bagages qu'ils avaient emmenés de Smolensk, tomba entre nos mains.

Bataille de la Moskowa.

Après le combat du *Champ-Sacré*, Napoléon ne cessa de poursuivre les Russes, toujours fuyans devant lui. Un ordre du jour publié le 2 septembre, annonçait une bataille décisive. On rappelait aux soldats leur courage, qui tant de fois avait conquis la victoire ; enfin on les invitait à nettoyer leurs armes.

L'armée russe était arrivée le 5 septembre au camp retranché de Mojaïsk. Les dispositions que fit le général Kutusoff ne laissaient plus de doute sur l'intention qu'il avait d'accepter la bataille : il n'avait plus en effet que ce seul moyen pour sauver Moscou.

C'était la première fois de cette campagne, que nos soldats allaient combattre l'ennemi en bataille rangée ; ils étaient pleins de joie. Le 7 septembre, l'aurore brillait à peine, que chaque capitaine ayant réuni sa compagnie, lui fit lecture de la proclamation suivante :

Soldats,

« Voilà la bataille que vous avez tant désirée ! Désormais la victoire dépend de vous ; elle nous est nécessaire, elle nous donnera l'abondance, de bons quartiers d'hiver, et un prompt retour dans la patrie : conduisez-vous comme à Austerlitz, à Friedland, à Witepsk et à Smolensk, et que la postérité la plus reculée cite avec orgueil votre conduite dans cette journée ; que l'on dise de vous : *Il était à cette grande bataille sous les murs de Moscou.* »

A l'instant le soleil sortit radieux du sein des brouillards qui l'avaient caché jusqu'alors, et le chef de l'armée, saisissant cette occasion pour exciter l'enthousiasme dans le cœur des guerriers, dit à ceux qui l'environnaient : « *Soldats ! voilà le soleil d'Austerlitz !* »

A six heures précises un coup de canon tiré d'une des batteries qu'avaient armées le général Sorbier, annonça que l'affaire était commencée. Cent vingt bouches à feu placées sur notre extrême droite, répondirent à ce signal : le général Pernetti, avec une batterie de trente pièces, se met en tête de la division Compans, et longeant le bois, tourne les retranchemens de l'ennemi. A six heures et demie le général Compans fut blessé; à sept le prince d'Eckmülh eut son cheval tué sous lui. Le duc d'Elchingen effectuait aussi son mouvement et attaquait le centre de l'armée russe sous la protection de soixante pièces de canon : il était appuyé par le corps de cavalerie du général Latour-Maubourg qui chargeait vigoureusement les masses ennemies formées en carré tout autour de sa grande redoute.

En même temps la division d'Elzons marcha sur Borodino, auquel l'ennemi avait déjà mis le feu : nos soldats enlevèrent le village à la baïonnette. Tandis que la division d'Elzons s'emparait de Borodino, la division Broussier, traversant la Kologha au-dessous du plateau, parvint à se loger dans un ravin voisin de la grande redoute d'où l'ennemi faisait un feu terrible. Vers les huit heures, la division Morand, qui était en bataille et formait l'extrême droite du quatrième corps, fut attaquée avec chaleur, lorsqu'elle se préparait à marcher sur la redoute. Le général Morand, en soutenant les efforts des lignes ennemies, détacha sur la gauche le 3e. régiment pour s'emparer de la redoute : cette position, par un prodige de valeur, fut enlevée; alors nos batteries couronnent les hauteurs et reprennent l'avantage que celles des Russes avaient eu pendant plus de deux heures. Les parapets tournés contre nous pendant l'attaque nous devinrent favorables; la bataille était perdue pour l'ennemi, qu'il ne la croyait que commencée. Déjà une partie de son artillerie est prise, et le reste évacué sur les dernières lignes.

Cependant le prince Kutusoff ranime le courage de ses soldats, et renouvelle le combat en attaquant avec toutes ses troupes les fortes positions qu'il venait de perdre. Trois cents pièces de canon françaises, placées sur ces hauteurs, foudroient ces masses, et leurs soldats viennent mourir au pied de ces remparts qu'ils avaient élevés, et qu'ils regardaient comme le boulevard de Moscou.

Cependant le 30e. régiment, assailli de tous côtés, ne put se maintenir dans la redoute qu'il avait occupée ; en vain la 3e. division, à peine rangée en bataille, accourut pour le secourir, il fallut céder devant des forces supérieures.

Kutusoff, encouragé par le succès qu'il venait d'obtenir, avait fait avancer sa réserve pour tenter un dernier effort : la garde impériale russe en faisait partie. Avec tous ces secours réunis, il attaque notre centre sur lequel avait pivoté notre droite; mais le général Friand étant accouru avec quatre-vingts pièces de canon, arrêta et écrasa les colonnes ennemies qui se tinrent pendant deux heures, serrées sous la mitraille, n'osant pas avancer, ne voulant pas reculer. Elles étaient dans cette incertitude, lorsqu'elles furent chargées par le corps de cavalerie du général Latour-Maubourg, qui pénètre par la brèche que la mitraille a faite dans les masses serrées des Russes, et dans les escadrons de leurs cuirassiers. Ceux-ci, déconcertés par une manœuvre si hardie, reculent et se dispersent de tous côtés (1).

Dans ce moment Napoléon combattait au centre; voyant que l'ennemi troublé

---

(1) A l'attaque de la grande redoute par la division Friand, le lieutenant Laby, du 15e. régiment d'infanterie légère, le même qui le premier était parvenu sur les murs de Smolensk, blessé au bras droit par un éclat d'obus, saisit son épée de la main gauche, et répondit à son colonel qui l'engageait à se retirer : « Il me reste » encore un bras pour servir ma patrie; cara- » biniers, en avant. »

lâchait pied, il crut le moment favorable pour attaquer de nouveau la grande redoute. Confondu parmi les soldats dont il animait le courage, il rappelait à chaque régiment les exploits qui l'avaient signalé, et disait au 9e. de ligne : « *Braves soldats, rappelez-vous que vous m'aviez à votre tête, quand, à Wagram, vous enfonciez le centre de l'ennemi* ». Ces mots électrisent tous ceux qui les entendent, et le vice-roi d'Italie, pour attaquer simultanément la redoute, fait ranger en bataille les première, troisième et quatorzième divisions.

Ces troupes s'avancèrent avec calme ; elles approchaient même des retranchemens ennemis, lorsque ceux-ci, avec toutes leurs pièces, tirèrent à mitraille et portèrent dans nos rangs le ravage et la consternation. Nos soldats parurent un instant ébranlés de cette fatale réception ; mais le vice-roi, avec son courage et son sang-froid ordinaires, parcourant la ligne, ordonna une nouvelle attaque qu'il dirigea lui-même, tandis que le général Nansouty, à la tête de la première division de grosse cavalerie, chargeait vigoureusement ce qui se trouvait à droite de la redoute, et balayait la plaine jusqu'au ravin d'un village brûlé. La brigade des carabiniers aux ordres des généraux Paultre et Chouard, marchait également en tête, enfonçant tout ce qui osait lui résister; à l'instant une brigade de cuirassiers s'élança sur cette même redoute, et offrit aux regards étonnés un spectacle merveilleux : toute cette hauteur qui nous dominait sembla ne plus former qu'une montagne de feu mouvante. L'éclat des armes, des casques et des cuirasses, frappés par les rayons du soleil, se mêlant à la flamme des canons qui, de tous côtés, vomissaient la mort, donnait à la redoute la forme d'un volcan au milieu d'une armée.

L'infanterie ennemie placée derrière un ravin, fit une décharge si terrible sur nos cuirassiers, qu'elle les obligea de se retirer sur-le-champ. Nos fantassins prennent leur place, et, soutenus par le 3ᵉ. corps de cavalerie, ils chargent et culbutent tout ce qui se trouve devant eux. Nos troupes, en débordant les retranchemens, firent un horrible carnage des Russes, dont tous les efforts tendaient à nous empêcher de les reprendre. Le prince Eugène et son état-major, malgré le feu épouvantable de l'ennemi, restèrent constamment à la tête de la division Broussier, suivie des 13ᵉ. et 30ᵉ. régimens, qui coururent sur la redoute, entrèrent par la gorge, et massacrèrent sur leurs pièces les canonniers qui les servaient.

Consterné de cette attaque, Kutusoff fit marcher aussitôt les cuirassiers de la garde noble pour tâcher de reprendre la position. C'était l'élite de la cavalerie russe; aussi le choc entre ces cuirassiers et les nôtres fut-il terrible : et les lauriers conquis par nos braves furent payés d'un sang bien précieux, car le général Plausonne, le général Huart, le général Montbrun, l'honneur de la cavalerie, et le général Auguste Caulincourt, furent tués à l'attaque de la grande redoute; le dernier, au moment où il s'élançait dedans.

L'intérieur de la redoute présentait un tableau effrayant: les morts et les blessés étaient entassés les uns sur les autres; la terre était couverte d'armes de toute espèce; les parapets à moitié détruits avaient tous leurs créneaux rasés; on ne distinguait plus leurs embrasures qu'aux canons dont la plupart étaient renversés et leurs affuts brisés. Les soldats russes chargés de défendre la redoute, périrent plutôt que de se rendre.

Deux redoutes étaient en notre pouvoir; mais l'ennemi en avait encore une troisième située sur un autre plateau séparé par un ravin; c'est de-là qu'établissant des batteries bien servies, il faisait un feu terrible sur nos régimens, dont les uns étaient dans des sentiers couverts, d'autres derrière des retranchemens. Durant plusieurs heures nous restâmes dans cette inaction, bien persuadés que Kutusoff battait en retraite, tandis que l'artillerie vomissait, sur tous les points, la flamme et la mort.

Cependant l'ennemi s'apercevant que sa longue résistance était inutile, puisque la garde à pied et à cheval qui formait la réserve, n'avait point encore donné, et qu'il n'était plus en état de soutenir son choc redoutable, cessa son feu et se retira vers la route de Mojaïsk. Il était presque nuit quand la victoire se déclara définitivement en notre faveur, et nous bivouaquâmes sur le champ de bataille.

Les Russes eurent, dans cette affaire, cinquante généraux tués ou blessés, et quarante mille hommes hors de combat. Nous avons dit que nous avions quatre généraux tués; il y en avait une trentaine de blessés, parmi lesquels on citait Grouchy, Rapp, Morand, Desaix, Lahoussaye, Compans et Friand.

Cette bataille nous ouvrit les portes de Moscou. Hélas! les vainqueurs ne se doutaient guères qu'après tant de fatigues, ils n'auraient pour se reposer que les débris fumans de cette cité en cendres.

Belle conduite du prince Eugène.

On pouvait, dit-on, lever dans Moscou, ville extraordinairement riche, une contribution de *trois cents millions*; on devait y trouver en vivres, en habillemens et munitions de guerre, tout ce qui était nécessaire à l'armée, qui, par ce moyen, eût pu y passer l'hiver bien agréablement ; mais le gouverneur Ropstokin avait reçu l'ordre de l'incendier en même temps que les villages qui l'avoisinaient, afin d'ôter aux Français ces importantes ressources. *Cette mesure terrible*, ponctuellement exécutée, déjoua les projets de Bonaparte et produisit cette longue suite de calamités dont la France ne se serait jamais consolée, si les événemens qu'elle fit naître n'eussent r'ouvert le chemin du trône à ses antiques souverains.

Dans cette affreuse retraite, où les vainqueurs de la Moskowa eurent à lutter contre tous les fléaux ; lorsque acablés de fatigues, de froid et de faim, ils tombaient par milliers sur la surface blanchie de ces déserts glacés, ils se signalèrent encore par diverses actions éclatantes.

La brillante affaire de Malo-Jaroslavetz, dit l'un des admirateurs de la gloire française, est une de celle qui, en 1812, firent le plus d'honneur au vice-roi. Le prince y déploya tout ce que peut la valeur d'un jeune guerrier, et l'expérience consommée d'un vieux général. Les Russes, infiniment supérieurs en nombre, revinrent dix fois à la charge, et dix fois ils furent repoussés du champ de bataille, après l'avoir couverts de morts et de blessés. Le prince, animant, enflammant tout par sa présence, fit ses dispositions avec calme, et les exécuta avec vigueur. Un cheval fut blessé sous lui.

Quand, après la retraite de l'ennemi, le prince Eugène passa en revue ses divisions, les troupes firent éclater le plus vif enthousiasme, et des acclamations unanimes et bien flatteuses pour lui, retentirent sur toute la ligne.

Il n'est pas dans notre sujet d'entrer dans le détail des revers à jamais déplorables qu'éprouvèrent les armées françaises à la fin de la campagne de 1812, lors de la retraite de Moscou; revers terribles, mais dont le souvenir est, s'il se peut, moins douloureux pour un Français, quand on se rappelle qu'ils furent plutôt l'ouvrage de l'inclémence du climat que de la force des armes ennemies.

Nous ne nous occuperons pas non plus de ces inconcevables et nombreuses défections qui firent en peu de temps trouver dans les armées françaises autant d'ennemis qu'on y trouvait auparavant d'alliés, et qui provoquèrent enfin cet envahissement auquel la postérité pourra à peine croire; le vice-roi doit seul, ici, fixer notre attention.

Tandis que la plupart de nos bataillons restaient immobiles et glacés au milieu des déserts de la Russie, le prince Eugène, par une tactique digne de Xénophon, ramenait lentement et glorieusement le corps d'armée qui lui avait été confié, prenant toujours des positions avantageuses, et s'occupant sans cesse de rallier, de consoler ses soldats, comme il aurait fait de ses propres enfans. Sa marche prudente et raisonnée le conduisit en bon ordre sur la Vistule à Marienwerder, où il établit son quartier-général le 26 décembre.

Bientôt après on le vit des rives de la Wartha, dans le duché de Varsovie, se porter sur les bords de l'Elbe, et enfin rentrer à Dresde le 8 mai 1813. Cette retraite est pour lui une espèce de triomphe.

Il est beau de voir notre héros se défendre lui-même d'avoir été battu.

« Monsieur le duc, écrivait-il de Marienwerder, le 6 janvier 1813, au ministre de la guerre : les gazettes de Saint-Pétersbourg me tombent sous les mains, et j'y vois combien les relations qu'elles contiennent sur les événemens de novembre et décembre sont dénaturées et fausses.

» Je ne m'arrête qu'à ce qui regarde mon corps d'armée.

» Il est dit dans ces gazettes que, le 8 novembre, Platoff (1) m'a attaqué et dispersé mon corps d'armée, m'a pris trois mille sept cents hommes et toute mon artillerie.

» Ces faits sont faux. Platoff s'est à peine présenté devant mon corps ; il a été repoussé de toutes parts. S'il a fait quelques prisonniers, il n'en a pas fait un seul les armes à la main ; mais il a pu ramasser des hommes isolés qui, la nuit, pour se mettre à l'abri de l'extrême froid, s'étaient éparpillés dans des villages.

» Quant aux canons, il n'en a pas enlevé un seul, quoiqu'il soit vrai que j'aie été obligé, à cause de la perte de mes chevaux, morts par suite d'un froid excessif, d'abandonner la plus grande partie de mon artillerie, après l'avoir démontée et brisée.

---

(1) L'Hetmann Platoff, général des Cosaques.

» Je sais que les relations russes sont toutes fausses.

» L'étendue du pays et l'extrême ignorance de la plus grande partie de cette population, donnent au gouvernement russe de grandes libertés à cet égard. Aussi en profite-t-il pour faire courir les bruits les plus insensés. Nous étions aux portes de Moscou, que ce peuple nous croyait battu. »

ANNÉE 1813.

Campagne de Saxe.

VAINCU par les élémens, après avoir laissé dans les déserts glacés de la Russie *une partie des trésors de la France, trois cent mille hommes et quarante mille chevaux,* Bonaparte revint à Paris, n'abandonnant pas le projet de prendre sa revanche.

Les Français, que l'on est toujours sûr d'électriser avec les mots magiques d'*hon-*

neur et de *patrie*, réparèrent, autant qu'il était possible, par leur zèle, l'immense perte que l'on venait d'éprouver, et le printemps de 1813 offrit à l'Europe *étonnée* une cavalerie nouvelle exercée à la hâte, ayant plus de valeur que de tactique, mais encore assez nombreuse pour être respectable. Cette campagne, qui devait se terminer, comme la précédente, par d'affreux revers occasionnés par la défection de tous nos alliés, s'ouvrit par de brillantes victoires, telles que celles de Lutzen, de Bautzen, de Wurchen et de Dresde. Nous allons donner quelques détails sur celle de Lutzen, l'un des plus glorieux faits d'armes des Français.

Bataille de Lutzen.

Le 27 avril, le maréchal Ney, prince de la Moskowa, avait rencontré et mis en déroute, à Weissenfels, un corps considérable des alliés. Les nouveaux régimens s'étaient distingués dans cette affaire, et le général écrivit à ce sujet au chef de l'armée : « V. M. ne doit avoir aucune inquiétude sur les nouvelles levées : *ces jeunes gens se sont battus avec une intrépidité qui permet de tout attendre d'eux.* »

Le 30 avril, Bonaparte fit camper son armée dans la plaine de Naumbourg, où celle du vice-roi devait la joindre.

Le 1er. mai, une ligne de cavalerie ennemie occupait la colline en avant de Weissenfels ; soudain le cri, *à cheval* se fit entendre au quartier-général français. Notre cavalerie fut dirigée sur Leisau et Rippach. Le prince de la Moskowa, à la tête de son corps, se trouvait en avant. Les généraux Souham et Kellermann faisaient partie de l'avant-garde. Plusieurs corps, qui avaient rejoint, prirent leur direction vers Poserna. C'est à ce moment que le duc d'Istrie, colonel de la garde, s'avançant à la tête d'une compagnie de tirailleurs, vers des hauteurs occupées par l'ennemi, fut frappé d'un boulet de canon qui l'étendit mort sur la place. La perte de ce brave guerrier fut bien funeste à la France. Craignant que ce malheur ne portât le découragement parmi les troupes, on le leur cacha le plus long-temps qu'il fut possible.

Cependant les alliés, voyant que Napoléon avançait avec l'intention de se placer dans la plaine de Leipsick, afin de paralyser l'effet de cette manœuvre, qui menaçait de leur couper la retraite, ils se décidèrent à prendre l'offensive, et firent un mouvement rétrograde pour arrêter notre armée dans la plaine de Lutzen.

Par ce mouvement, le plan de Bonaparte était déconcerté; il se trouvait pris au dépourvu; ce qui lui donna l'occasion de déployer une habileté qui ajouta encore à sa gloire militaire.

En nous présensant le combat à Gros-Gœrchen, les alliés croyaient ne trouver qu'une avant-garde qui n'opposerait pas beaucoup de résistance : ils se trompaient. Le vice-roi avait quitté Querfurth et se trouvait à Oesth. Le prince de la Moskowa était à Kaia avec son corps; et le général Bertrand, avec le corps de l'armée d'Italie, venant de Nuremberg, arriva assez tôt pour prendre part à l'action.

Bonaparte avait sous ses ordres la principale masse de l'armée; ainsi, cette résistance, que les alliés présumaient devoir être faible, fut des plus vigoureuses.

Le 2 mai, l'armée française, en bon ordre, s'avançait toujours vers Leipsick; le duc de Raguse commandait l'arrière-garde; le moment parut favorable aux alliés; Marmont fut attaqué: au même instant une vive canonnade se fit entendre du côté des villages de Gros-Gœrchen, Rahno et Kaia; alors le chef de l'armée rappela ses colonnes et fit faire volteface. Pendant que ce mouvement s'exécutait, le prince de la Morkowa, attaqué avec vigueur à Kaia, se défendait de même, et conservait sa position. Quoique accablée par le nombre, la jeune garde se couvrit de gloire, et le village, qui était la clef de la position, fut pris et repris six fois.

Les efforts incroyables des alliés pour l'emporter, et le grand nombre de nos braves qui tombaient morts ou blessés, fit trembler Napoléon pour le succès de la bataille. Une brigade de la jeune garde, malgré les preuves multipliées de la plus grande valeur, venait d'être repoussée et mise en déroute. Il fallait une mesure prompte et décisive; Bonaparte rallie les fuyards, harangue ses troupes, et marche lui-même sur Kaia, à la tête d'une colonne redoutable.

Dans cette attaque, où de part et d'autre l'acharnement fut égal, le chef de l'armée s'exposa comme le dernier soldat. Les boulets et la mitraille tombaient autour de lui sans l'atteindre, tandis qu'un inspecteur des postes avait le pied emporté à côté de lui.

Tant d'efforts cependant avaient été vains jusqu'alors, et rien ne se décidait; mais on touchait au moment de crise où le dernier choc devait décider du gain ou de la perte de la bataille. Le comte de

Laubau se porte sur le village avec une division toute entière de la jeune garde. Cette attaque réussit : l'épouvante a saisi les Prussiens, qui s'enfuient en désordre. Alors le général Drouot reçoit de Napoléon l'ordre de rassembler une batterie de 60 pièces de canon, et de la placer sur les hauteurs du village de Starsiedel. Cette batterie produisit un effet terrible : elle rendit complète la déroute de l'ennemi, en le foudroyant à mitraille. Chassé en même temps de Gros-Gœrchen, dont il s'était emparé au commencement de l'action, il nous céda, avec la victoire, le champ de bataille.

Cette victoire fut des plus brillantes ; l'armée française se couvrit de gloire ; mais, faute de cavalerie, elle ne put poursuivre ses avantages et demeura dans ses positions.

Armistice rompu.

Après les batailles de Lutzen et de Bautzen, un armistice fut conclu entre les puissances belligérantes, afin de traiter de la pacification générale de l'Europe.

L'empereur d'Autriche avait été choisi comme médiateur ; mais son gendre, habitué à faire la loi, croyait ne pas pouvoir accepter sans honte quelques conditions qui ne paraissaient rien moins que modérées. Toutes les propositions furent donc inutiles ; l'armistice fut rompu, et l'Autriche, de médiatrice qu'elle était, devint l'ennemie de la France, et réunit ses armées à celles de la Russie et de la Prusse.

La défection de l'Autriche amena d'abord celle de la Suède, de la Bavière et du Mecklimbourg ; cela n'empêcha pas l'armée française de cueillir encore de palmes éclatantes à Dresde, où le célèbre général Moreau, dont la gloire militaire avait jusqu'alors été sans tache, fut tué en combattant contre sa patrie, peut-être ingrate, mais toujours sa patrie.

A la bataille de Leipsick, tous les princes de la confédération du Rhin abandonnèrent Bonaparte : leurs troupes firent volteface, et tournèrent leurs armes contre les Français, qui ne furent jamais si grands.

Cette bataille, qui changea les destins du monde, dura quatre jours : sept souverains y commandaient plus de 500,000 hommes.

Accablés par le nombre, les Français et les Polonais, fidèles à leurs drapeaux, firent des prodiges de la plus éclatante valeur; et l'intrépide Poniatowski, ce jeune héros dont l'Europe a déploré la perte, fut proclamé maréchal d'Empire sur le champ qu'honora sa vaillance.

Napoléon, que la défection de ses alliés coupait de tous les corps de son armée, serait infailliblement tombé au pouvoir de ses ennemis, sans l'extrême bravoure du peu de troupes qui lui restait, et qui, dans les défilés de Hanau, passa sur le ventre à l'armée bavaroise.

ANNÉE 1814.

La France envahie.

NAPOLÉON, ne pouvant plus tenir la campagne, revint à Paris, non sans éprouver de grandes difficultés. Cependant les alliés, qui ne trouvaient plus d'obstacles, envahirent la France au Nord, à l'Est et au Sud, sans que celui qui les avait vaincus tant de fois, pût y apporter la moindre opposition.

Excepté quelques vieilles légions accourues d'Espagne à la hâte, la France n'avait plus pour défenseurs que des soldats *imberbes*, arrachés avec violence du sein de leurs mères.

Ce fut avec ces faibles moyens que commença la campagne de 1814, et, selon notre usage, nous fûmes encore victorieux à *Saint-Dizier* et à *Brienne*, et les combats de *Champ-Aubert*, de *Mont-Mirail*, de *Vauchamp*, de *Nangis* et de *Mon-*

tereau, qui retardèrent la prise de Paris, honoreront à jamais la valeur française.

Les alliés, qui étaient alors douze contre un, avaient le grand avantage de pouvoir fatiguer nos troupes par des combats partiels, en les harcelant et les obligeant sans cesse à faire des marches et des contre-marches. Le souvenir des batailles d'*Austerlitz*, d'*Jéna* et de *Wagram*, leur avait montré le danger de combattre sur un seul point, où, malgré l'immensité de leur nombre, ils auraient couru la chance d'être vaincus.

Batailles de Champ-Aubert et de Montmirail.

Le 12 février, le quartier-général de Napoléon se trouvait à Sezanne. Le duc de Tarente était à Meaux, ayant fait couper les ponts de la Ferté et de Tréport.

Le général Sacken et le général Yorck étaient à la Ferté; le général Blucher à Vertus, et le général Alsuffiew à Champ-

Aubert. L'armée de Silésie ne se trouvait plus qu'à trois marches de Paris. Cette armée, sous le commandement en chef du général Blucher, se composait des corps de Sacken et de Langeron, formant 60 régimens d'infanterie russe et de l'élite de l'armée prussienne.

Le 10, à la pointe du jour, Napoléon se porta sur les hauteurs de Saint-Prix pour couper en deux l'armée du général Blucher. A dix heures, le duc de Raguse passa les étangs de Saint-Gond, et attaqua le village de Baye. Le 9e. corps russe, sous le commandement du général Alsuffiew, et fort de douze régimens, se déploya et présenta une batterie de 24 pièces de canon. Les divisions Lagrange et Ricard, avec la cavalerie du premier corps, tournèrent les positions de l'ennemi par sa droite. A une heure après midi nous fûmes maîtres du village de Bayes. A deux heures la garde impériale se déploya dans les belles plaines qui sont entre Bayes et Champ-Aubert. L'ennemi se reployait et exécutait sa retraite, Bonaparte ordonna au général Girardin de prendre, avec deux escadrons de la garde de service, la tête du premier corps de cavalerie, et de tourner l'ennemi afin de lui couper le chemin de Châlons. L'ennemi, qui s'aperçut de ce mouvement, se mit en désordre. Le duc de Raguse enleva le village de Champ-Aubert. Au même instant les cuirassiers chargèrent à la droite, et acculèrent les Russes à un bois et à un lac entre la route d'Epernay et celle de Châlons.

L'ennemi avait peu de cavalerie; se voyant sans retraite, ses masses se mêlèrent : artillerie, infanterie, cavalerie, tout s'enfuit pêle-mêle dans les bois ; deux mille hommes se noyèrent dans le lac ; 30 pièces de canon et deux cents voitures furent prises. Le général en chef, les généraux, les colonels, plus de cent officiers et 4000 hommes furent faits prisonniers.

De ce corps, qui devait être de 18,000 hommes, quinze cents à peine parvinrent à s'échapper à la faveur des bois et de l'obscurité. De son quartier-général, Blucher avait vu leur déroute sans pouvoir y apporter remède. Deux escadrons de la garde seulement avaient été engagés. Les cuirassiers du premier corps de cavalerie ont montré la plus rare intrépidité.

A huit heures du soir, le général Nansouty ayant débouché sur la chaussée, se porta sur Montmirail avec les divisions de cavalerie de la garde des généraux Colbert et Laferrière, s'empara de la ville et de 600 cosaques qui l'occupaient. Le 11, à cinq heures du matin, la division de cavalerie du général Guyot se porta également sur Montmirail. Différentes divisions d'infanterie furent retardées par la nécessité d'attendre leur artillerie, qui ne parvint, à cause des chemins affreux, que par la constance des canonniers, et au moyen des secours fournis avec empressement par les habitans, qui, de toutes parts, amenaient leurs chevaux.

Napoléon arriva le 11 à dix heures du

matin à une lieue en avant de Montmirail. Le général Nansouty était en position avec la cavalerie de la garde, et contenait l'armée de Sacken qui commençait à se présenter. Instruit du désastre d'une partie de l'armée russe, ce général avait quitté la Ferté-sous Jouarre, le 10 à neuf heures du soir, et marché toute la nuit. Le général Yorck avait également quitté Château-Thierry à onze heures du matin, le 11 : il commençait à se former, et tout présageait la bataille de Montmirail, dont l'issue paraissait d'une si haute importance. Le duc de Raguse, avec son corps et le premier corps de cavalerie, avait porté son quartier-général à Etoges, sur la route de Châlons.

La division Ricard et la vieille garde arrivèrent sur les dix heures du matin. Le chef de l'armée ordonna au prince de la Moskowa de garnir le village de Marchais par où l'ennemi devait déboucher. Ce village, défendu avec une rare constance par la brave division du général Ricard, fut pris et repris plusieurs fois.

A midi, le chef de l'armée ordonna au général Nansouty de se porter sur la droite, coupant la route de Château-Thierry, et forma les seize bataillons de la première division de la vieille garde, sous le commandement du général Friant, en une seule colonne, le long de la route, chaque colonne de bataillon étant éloignée de cent pas.

Pendant ce temps nos batteries d'artillerie arrivaient successivement. A trois heures le duc de Trévise, avec les seize bataillons de la 2e. division de la vieille garde, qui étaient partis le matin de Sezanne, déboucha sur Montmirail. Bonaparte aurait voulu attendre l'arrivée des autres divisions, mais la nuit approchait. Il ordonna au général Friant de marcher avec quatre bataillons de la vieille garde sur la ferme de l'Epine-au-Bois, qui était la clef de la position, et de l'enlever. Le duc de Trévise se porta avec six bataillons de la 2°. division de la vieille garde, sur la droite de l'attaque du général Friant.

De la position de l'*Epine-au-Bois* dépendait le succès de la journée. L'ennemi le sentait; il y avait placé 40 pièces de canon, garni les haies d'un triple rang de tirailleurs, et formé en arrière des masses d'infanterie. Cependant, pour rendre cette attaque plus facile, Napoléon ordonna au général Nansouty de s'étendre sur la droite, ce qui fit craindre à l'ennemi d'être coupé, et le força de dégarnir son centre pour soutenir sa droite. Au même instant le général Ricard attaquait le village de Marchais, et le général prussien dégarnissait encore son centre pour le soutenir.

Le général Friant s'élança sur la ferme de la *Haute-Epine* avec les quatre bataillons de la vieille garde : ils abordèrent l'ennemi au pas de course, et produisirent sur lui l'effet de la tête de Méduse. Le prince de la Moskowa marchait le premier et montrait aux braves le chemin de l'honneur. Les tirailleurs se retirèrent épouvantés sur les masses, qui furent attaquées.

L'artillerie ne pouvant plus jouer, la fusillade devint effroyable, et le succès était balancé; mais le général Guyot, à la tête du premier de lanciers, des vieux dragons et des vieux grenadiers de la garde, qui défilaient sur la grande route, au grand trot, en poussant des cris d'allégresse et de victoire, passa à la droite de la Haute-Epine. Ces braves se jetèrent sur les derrières des masses d'infanterie, les rompirent, les mirent en désordre et tuèrent tout ce qui ne fut pas fait prisonnier. Le duc de Trévise, avec six bataillons de la division du général Michel, secondant alors l'attaque de la vieille garde, arrivait au bois, enlevait le village de Fontenelle et prenait tout un parc ennemi.

La division des gardes d'honneur défila après la vieille garde sur la grande route, et, arrivée à la ferme de l'Epine-aux-Bois, fit un à gauche pour enlever ce qui s'était avancé sur le village de Marchais. Le général Bertrand, grand-maréchal, et le duc de Dantzick, à la tête de deux bataillons de la vieille garde, marchèrent en avant sur le village, qu'ils mirent entre deux feux. Tout ce qui s'y trouvait fut pris ou tué.

En moins d'un quart d'heure un profond silence succéda au bruit du canon et d'une épouvantable fusillade. L'ennemi ne chercha plus son salut que dans la fuite. Généraux, officiers, soldats, infanterie, cavalerie, artillerie, tout s'enfuit pêle-mêle.

A huit heures du soir la nuit étant obscure, il fallut prendre position. Napoléon établit son quartier-général à la ferme de l'Epine-aux-Bois.

Dans cette bataille, si glorieuse pour nos armes, nous perdîmes environ 1000 hommes tués ou blessés; l'ennemi en perdit 8 ou 9000; on lui prit 30 pièces de cano et 6 drapeaux.

Siége et bataille de Paris.

Napoléon, en gagnant les batailles de Champ-Aubert, de Montmirail, de Vanchamp et de Nangis, croyait, *comme il le disait*, avoir sauvé la capitale de son empire; il n'avait fait qu'en retarder la prise, ses destins étaient finis, et le fameux colosse, qui depuis quatorze ans pesait sur le monde, allait être brisé.

Cependant, lorsque cet ancien protégé de la fortune manœuvrait sur les derrières de l'armée ennemie, il avait un plan de campagne dont le succès lui semblait certain, puisqu'on assure qu'il répondit à celui qui lui apportait des conditions de paix arrêtées au congrès de Châtillon: *qu'il n'était pas dans l'usage de traiter avec ses prisonniers.* Il espérait que Paris, en cas d'attaque, opposerait une résistance assez longue pour lui donner le temps d'arriver, afin de prendre l'ennemi entre deux feux. Il fit, dans cette occasion, comme dans tant d'autres, tout ce qui dépendait d'un capitaine expérimenté; mais il avait trop présumé de ses moyens.

N'ayant plus les mêmes ressources, il ne trouvait plus dans ceux qui l'entouraient la même docilité, ni la même soumission à exécuter ses ordres; les aquilons du Nord avaient refroidi leur zèle. *L'expérience aurait dû le convaincre qu'il fallait, pour réussir dans une opération de ce genre, le concours de toutes les volontés.*

Paris, qui n'était plus couvert que par la colonne du duc de Raguse, se repliant toujours, vit bientôt à ses portes une armée de *deux cent mille hommes,* russes, autrichiens, prussiens et bavarois. Le petit nombre de ses défenseurs fut réparti sur les hauteurs de Belleville, de Mesnilmontant, et sur les buttes Chaumont et Montmartre. On avait établi le centre sur le canal de l'Ourcq; aucun corps ne se déploya sous Vincennes, et ce côté resta à découvert.

On avait élevé des palissades et creusé

des fossés; mais ce système de défense était mal conçu, et ces fortifications ne paraissaient imposantes qu'aux yeux du vulgaire. Elles étaient trop faibles pour défendre long-temps une cité aussi importante.

Le 30 mars, à quatre heures du matin, les habitans de la première ville du monde furent éveillés par le bruit des tambours. Quoique indisposés contre les chefs du gouvernement, dont la pusillanimité était remarquable, ils se rendirent à leur poste; et cette garde nationale, que la mauvaise foi accuse de n'avoir pas voulu défendre ses foyers, malgré tant de gens intéressés, par des motifs que nous ne jugeons pas, à comprimer son zèle, cette garde nationale, dis-je, fournit un grand nombre d'hommes dévoués qui marchèrent en tirailleurs, firent à l'ennemi un mal incroyable. Plusieurs centaines de bourgeois ont rougi de leur sang le champ de bataille; ces braves, que la patrie honore, ont transmis à leurs descendans un héritage de gloire. Les 8e., 10e. et 11e. légions sont celles qui se distinguèrent plus particulièrement.

A six heures du matin l'artillerie se fit entendre ; le combat s'engagea dans le bois de Romainville, d'où nous chassâmes quelques troupes ennemies. Dans le même moment, le prince royal de Wurtemberg se dirigeait sur Vincennes, le général Rajewski sur Belleville, le maréchal Blucher sur Montmartre : les réserves restèrent à Bondy.

L'action engagée d'abord à Romainville le fut successivement à Pantin, à la butte Chaumont, et dans la plaine des Vertus. La position de Pantin nous fut enlevée. Le général Rajewski s'empara de plusieurs hauteurs où nous avions l'intention de nous établir, mais partout nous ne cédâmes qu'à des forces décuples ; tout fut défendu pied à pied, et l'ennemi n'occupa aucune position sans en avoir préalablement couvert les avenues de ses morts. Un corps de cosaques de la garde impériale russe s'approcha du faubourg Saint-Antoine, où 28 pièces de canon le foudroyèrent.

Le dévouement patriotique des élèves de l'école polytechnique fut sans bornes. Ils faisaient le service de l'artillerie, et firent preuve, pendant tout le siége, d'une intrépidité rare. Ayant épuisé toutes leurs munitions, *plusieurs moururent sur leurs pièces*; enfin ils les défendirent jusqu'à ce qu'un escadron de cuirassiers vint les soutenir et leur donner la faciliter de les emmener.

Dans l'après-midi cent cinquante jeunes gens de l'école vétérinaire se firent tuer pour défendre le pont de Charenton, et c'est sur le corps de ces nouveaux spartiates, *non moins braves, mais moins heureux que les soldats de Léonidas*, que l'ennemi passa pour occuper la rive gauche de la Seine.

Le général Blucher fit attaquer Montmartre vers le soir : cette opération fut dirigée par le général Langeron. Attaqué avec des forces supérieures, ce point, qui n'était défendu que par la 11e. légion, eut beaucoup à souffrir. Malgré son courage, le petit nombre des assiégés ne put empêcher l'ennemi de s'élancer sur la montagne ; alors le maréchal Moncey ordonna la retraite, et resta lui-même exposé au feu des tirailleurs, jusqu'à ce que le dernier des gardes nationaux qui abandonnaient la cime du mont, fut rentrée dans l'intérieur des barrières.

A deux heures, 2000 Prussiens et 4 pièces de canon avaient attaqué le pont de Neuilly, défendu par 50 grenadiers de la vieille garde. Sommés de se rendre, ces braves, quoique presque tous estropiés, répondirent : « Que la vieille garde, » même en nombre inférieur, n'avait jamais mis bas les armes, et qu'ils conserveraient jusqu'au dernier soupir l'honneur du corps. »

Cette noble intrépidité en imposa à l'ennemi, et les vétérans de la gloire restèrent maîtres du pont.

Enfin une capitulation fut signée, et les hostilités cessèrent. Le général prussien Yorck avait dit, quelques jours auparavant, qu'avec dix obus il se rendrait maître de Paris. Cependant les alliés virent tomber au pied de ses hauteurs plus de 20,000 hommes de leurs meilleures troupes (1).

Les Russes qui, dans cette occasion comme dans beaucoup d'autres, ont rendu justice à la valeur française, dans le bulletin où ils rendent compte de la prise de Paris, s'expriment ainsi au sujet de l'engagement qui eut lieu dans les Prés-Saint-Gervais : « Par l'occupation des villages » de Pantin et de Belleville, l'ennemi » pouvait mettre des obstacles très-grands, » ou même insurmontables, à prendre ce » jour-là les hauteurs qui dominent Paris.

---

(1) On assure que l'armée des alliés, coupée de tous ses magasins, n'avait plus de munitions, et qu'elle eût été obligée de se retirer si la défense de Paris eût été prolongée seulement quatre heures.

» L'apparition de Napoléon, sans armée
» même, dans la capitale, dans ce centre
» des ressources militaires et politiques,
» lui ouvrirait un nouveau champ de
» moyens de la résistance la plus opi-
» niâtre; ce n'était donc qu'une célérité
» décisive qui pouvait en anéantir l'espé-
» rance; tromper Napoléon dans ses plans
» audacieux, et couronner d'un succès
» heureux le but salutaire et sublime des
» monarques alliés. Convaincu de la vé-
» rité de ces vues si importantes par leurs
» suites présomptives, le comte Barclay
» de Tolly crut indispensable de mettre
» l'élite des troupes de la réserve au feu,
» et d'en décider le sort de cette journée
» mémorable. »

On peut se convaincre facilement, par la lecture de cet extrait, que les alliés, amenés à Paris comme par la main, étonnés d'une résistance sur laquelle ils n'avaient pas compté, et que le courage des braves rendait plus opiniâtre et plus longue que ne l'avaient espéré les ennemis de Bonaparte, employaient leur dernière ressource.

Il faut donc payer encore un tribut d'éloges aux guerriers de la France ! *Quinze mille hommes* de troupes de ligne, harassés de fatigues, et *douze mille hommes* de la garde nationale parisienne soutinrent pendant douze heures les efforts de cette multitude, en lui faisant éprouver une perte considérable. Il est probable qu'ils l'eussent empêché d'entrer dans la capitale, si celui *sur le corps duquel l'ennemi devait passer pour y arriver* eût paru pour se mettre à leur tête ; mais on se battait sur plusieurs points sans commandement ; toute l'artillerie n'avait point été mise en batterie, et les canonniers manquaient de munitions.

Ces braves furent donc obligés de céder au nombre et aux circonstances, mais ce fut avec gloire ; et bien que l'humanité ait à gémir du sang inutilement versé dans ce jour, cette mémorable bataille a sauvé l'honneur des Parisiens.

ANNÉE 1815.

Bataille de Mont-Saint-Jean, ou le dernier cri de la valeur expirante.

La France, restituée à ses souverains légitimes, après vingt-cinq ans de troubles, d'agitations et de guerre, commençait à goûter les douceurs de la paix, quand Bonaparte, débarqué à Cannes avec 800 grenadiers, vint compromettre encore son bonheur et son existence.

Déjà cet homme, que le repos fatiguait, au moyen des intelligences qu'il avait conservées, était parvenu à ressaisir momentanément les rênes du gouvernement; mais l'Europe indignée se levait de nouveau pour le précipiter du trône auquel il avait solennellement renoncé. Ce fut alors que se forma cette nouvelle coalition où les forces des souverains alliés furent portées à 1,236,000 hommes.

La lutte ne pouvait être longue : la

majorité des Français repoussait le soldat ambitieux qui lui avait intimé pendant quatorze ans ses volontés despotiques : cependant la plupart des militaires, séduits par le prestige de la gloire, étaient pour lui, et, dans l'espace de cent jours, il avait formé une armée de plus de 110 mille hommes, armée composée de braves s'il en fût jamais, bien dignes par leur valeur de combattre pour une meilleure cause. Mais..... la plupart de ces guerriers sont morts ! La patrie, qu'ils croyaient servir, a donné des larmes à leur mémoire; nous n'offenserons donc point un gouvernement vraiment français, en retraçant la gloire immortelle que des Français acquirent à leurs derniers momens.

Après les cérémonies du Champ-de-Mai et la distribution des nouveaux aigles, Bonaparte partit de Paris le 12 juin, et, le 14, il arriva à Avesne, et mit à l'ordre du jour une proclamation dans laquelle on remarquait les expressions suivantes :

« C'est aujourd'hui l'anniversaire de

Marengo et de Friedland, qui décida deux fois du destin de l'Europe. Alors, comme après Austerlitz, comme après Wagram, nous fûmes trop généreux : nous crûmes aux protestations et aux sermens des princes que nous laissâmes sur le trône ! Aujourd'hui cependant, coalisés entre eux, ils en veulent à l'indépendance et aux droits les plus sacrés de la France. Ils ont commencé la plus injuste des agressions : marchons donc à leur rencontre. Eux et nous ne sommes-nous plus les mêmes hommes ?

» Soldats ! à Jena, contre ces mêmes Prussiens aujourd'hui si arrogans, vous étiez un contre trois, et à Montmirail un contre six....... La victoire sera à nous : les droits, l'honneur et le bonheur de la patrie seront reconquis ! pour tout Français qui a du cœur, le moment est arrivé de vaincre ou de périr. »

Le 15, à trois heures du matin, les opérations militaires commencèrent ; les

Prussiens (1), attaqués et battus, laissèrent entre les mains des Français des drapeaux, des canons et des prisonniers. Bonaparte établit son quartier-général à Charleroi. Le 16, mémorable bataille de Fleurus, où la victoire, qui se préparait à leur être infidèle, combla encore une fois nos guerriers de toutes ses faveurs. Le 18, jour de deuil pour la France! Funeste bataille de Mont-Saint-Jean, où l'élite de ces braves, qui étonnèrent l'Europe pendant vingt ans, fut massacrée.

L'armée française avait fait des prodiges de valeur aux batailles de Fleurus et de Ligny. Les Anglais fuyaient; les Prussiens paraissaient en pleine déroute. Bonaparte crut n'avoir plus rien à craindre d'eux, et cette erreur lui coûta cher.

« Les reconnaissances, disait le comte Drouet-d'Erlon dans son rapport, nous

---

(1) Les Prussiens et les Anglais étaient alors les seuls en ligne; les autres alliés n'étaient point encore arrivés.

ont appris qu'après la bataille l'armée ennemie s'était partagée en deux ; que les Anglais prenaient la route de Bruxelles, et que les Prussiens se dirigeaient vers la Meuse. Le maréchal Grouchy, à la tête d'un gros corps de cavalerie des 3e. et 4e. d'infanterie, fut chargé de poursuivre ces derniers. Napoléon suivit la route des Anglais avec les 1er., 2e. et 6e. corps de la garde.

Le premier corps, qui était en tête, attaqua et culbuta plusieurs corps de l'arrière-garde ennemie, et la suivit jusqu'à la nuit qu'elle prit position sur le plateau en arrière du village de Mont-Saint-Jean. Il faisait un temps affreux ; tout le monde était persuadé que l'ennemi prenait position pour donner à ses convois et à ses parcs le temps de traverser la forêt de Soignies.

Au jour, l'ennemi fut reconnu dans la même position. Le mauvais temps avait tellement dénaturé les chemins, qu'il était impossible de manœuvrer avec de l'artillerie dans la campagne. Vers neuf heures le temps s'éleva; le vent sécha un peu la terre, et l'ordre d'attaquer à midi fut donné par le chef de l'armée.

Fallait-il attaquer l'ennemi en position avec des troupes fatiguées, ou bien fallait-il leur donner le temps de se remettre de leurs fatigues, et laisser l'ennemi se retirer tranquillement sur Bruxelles? Si nous avions été heureux, tous les militaires auraient déclaré que c'eût été une faute impardonnable de ne pas poursuivre une armée en retraite dans un pays où nous étions appelés par de nombreux partisans.

Mais la fortune a trahi nos efforts; alors on regarde comme une grande imprudence d'avoir livré la bataille. La postérité, plus juste, prononcera.

Le deuxième corps commença l'attaque à midi. La division commandée par le prince Jérôme attaqua le bois placé en avant de la droite de l'ennemi; elle s'en empara d'abord, en fut repoussée ensuite, et finit par en rester maîtresse après plusieurs combats opiniâtres.

Le premier corps, dont la gauche était appuyée à la grande route, attaquait en même temps les maisons de Mont-Saint-Jean, s'y établissait et se portait sur la position de l'ennemi.

Ces deux corps étaient commandés par le maréchal Ney (1).

Cependant le corps prussien, qui s'était joint à la gauche des Anglais, se mit en potence sur notre flanc droit, et commença à l'attaquer vers cinq heures et demie du soir. Le 6e. corps, qui n'avait pas pris part à la bataille du 16, fut disposé pour lui faire face, et fut soutenu par une division de la jeune garde et quelques batteries de la garde.

Vers sept heures on aperçut dans le

---

(1) Le maréchal Ney disait au général Drouet : Nous allons remporter une belle victoire. En ce moment elle paraissait certaine.

lointain, vers notre droite, un mouvement et un feu d'artillerie et de mousqueterie (1). On ne doute pas que le général Grouchy n'eût suivi le mouvement des Prussiens et ne vint prendre part à la victoire. Des cris de joie se firent entendre sur toute notre ligne. Napoléon regarde cet instant comme décisif; il porte en avant toute sa garde, ordonne à quatre bataillons de passer près le village de Mont-Saint-Jean, de se porter sur la position de l'ennemi et de l'enlever à la baïonnette.

La cavalerie de la garde, et tout ce qui reste d'autre cavalerie, seconde ce mouvement. Les quatre bataillons, en arrivant sur le plateau, sont accueillis par le feu le plus terrible de mousqueterie et de mitraille.

Le grand nombre de blessés qui s'en détache fait croire que la garde est en déroute; une terreur panique se commu-

---

(1) C'était le corps du général prussien Bulow.

nique aux corps voisins qui prennent la fuite avec précipitation (1).

La cavalerie ennemie, qui s'aperçoit de ce désordre, est lâchée dans la plaine. Elle est contenue pendant quelque temps par les douze bataillons de la vieille garde qui n'avaient pas encore donné, et qui, entraînés eux-mêmes par ce mouvement inexplicable, suivent, mais sans désordre, la marche des fuyards.

C'est alors que Napoléon, voyant que l'affaire devenait mauvaise, réunit toute sa vieille garde, se mit à la tête de cette colonne redoutable, et cria de nouveau : *En avant !*

Guidés par leur ancien général, les vainqueurs d'Austerlitz abordent le plateau avec ce courage inébranlable qu'on leur connaît. Leur exemple ranime notre

---

(1) Les fuyards criaient : *Tout est perdu ; la garde est repoussée.* On assure même que, sur plusieurs points, des malveillans crièrent *sauve qui peut.*

armée, et le combat recommence sur toute la ligne. Ils chargent à diverses reprises, mais le feu soutenu d'une artillerie formidable, rend tous leurs efforts impuissans.

Déjà la terrible mitraille éclaircit les rangs de ces soldats invincibles ; mais ces rangs sont réformés aussitôt, et les intrépides guerriers marchent toujours en avant. La mort ou des blessures graves peuvent seules les arrêter.

Pourquoi la victoire ne couronna-t-elle pas en ce jour tant d'héroïsme ? Ah ! c'est que la fortune avait abandonné leur chef; les destins du monde étaient changés.

Des masses énormes d'infanterie et de cavalerie fondent sur eux avec fureur ! Les vieux grenadiers soutiennent cette nouvelle attaque sans pâlir ; et ces braves, en tombant percés de coups, ne laissent échapper la victoire qu'avec la vie. Malheur à celui que les boulets semblaient respecter, et qui ne partagea point leur glorieux trépas !

Dans le moment où ces héros inaccessibles à la crainte, au milieu des plus grands dangers, opposaient un front calme à la foudre. Wellington, par un sentiment que nous n'interpréterons pas, leur fit proposer de se rendre, ajoutant : *Qu'ils seraient traités comme les premiers soldats du monde* (1).

LA GARDE MEURT ET NE SE REND PAS! répond avec fierté l'intrépide Cambronne!

Mots sublimes, que les cent voix de la Renommée ont répétés sur tous les points de l'univers! Dernier cri de la valeur expirante, que soupirent encore les échos

---

(1) Au commencement de juin 1818, le grand-duc Michel de Russie visita les fortifications de Lille. Fixant ses regards sur un bataillon de vétérans qui, par sa bonne tenue, se faisait remarquer; il dit assez haut : « *Voilà les vrais modèles des soldats de l'Europe, et les vieux monumens de la gloire française.* »

de Belgique! La Muse de l'histoire qui vous transmettra aux siècles les plus reculés, fixera sur les guerriers français l'admiration des races futures; elle apprendra à nos neveux étonnés, que si leurs pères furent trahis par la fortune, la gloire leur fut fidèle et reçut leur dernier soupir.

FIN.

LES BRAVES

AU TOMBEAU

DE L'ENFANT CHÉRI DE LA VICTOIRE.

Lorsque par leurs soupirs les filles de mémoire
Nous disent : Il n'est plus, l'*Enfant de la Victoire !*
  Il est dans le tombeau !
Quoi ! le Père du jour qui voit tourner les mondes
N'a point dans sa douleur, au sein des vastes ondes,
  Replongé son flambeau.

Déjà de nos guerriers l'élite se rallie,
Du Héros qui n'est plus elle offre la Patrie
  Entourant le cercueil :
Malgré l'éclat du jour elle est dans les ténèbres ;
Ses lauriers sont cachés sous des crêpes funèbres,
  Des grandeurs triste écueil.

A son Prince, à l'Honneur, à son pays fidèle,
Masséna, des guerriers la gloire et le modèle,
  A terminé ses jours :
Mais du nord au midi, du couchant à l'aurore,
Ses vertus, ses exploits vivront long-temps encore:
  Son nom vivra toujours !

Comment de ses hauts faits tracer ici le nombre ?
Vingt réputations s'éclipsent comme une ombre,

Et meurent à la fois :
La sienne a rappelé la gloire fugitive :
Pour chanter sa valeur la Renommée active
　　A trop peu de cent voix.

Vingt succès dont Clio sut embellir ses pages,
Au Héros, jeune encor, préparaient les hommages
　　De la postérité :
Aujourd'hui nous l'offrons parcourant sa carrière,
Tel qu'un géant altier qui franchit la barrière
　　De l'immortalité.

De ses fleuves glacés quittant les froids rivages,
Un peuple belliqueux de conquérans sauvages
　　Nous apportait des fers :
Mais aux champs de *Zurich* était notre espérance ;
En triomphe éclatant le sauveur de la France
　　Y changea nos revers.

Invaincu jusqu'alors et vain de son courage,
Le Tartare succombe en frémissant de rage,
　　Et dans l'art des guerriers,
Le fougueux Souwaroff reconnaissant un maître,
Prévoit ce qu'avec lui les Français peuvent être ;
　　Il brise ses lauriers.

Des taureaux immolés consultant les entrailles,
Rome eût à mon héros, comme au Dieu des batailles,
　　Elevé maint autel :
Comme un autre César l'Europe le regarde !
CHARLES, dont sa phalange écrase l'avant-garde,
　　Le reconnaît pour tel.

Peindrai-je MASSÉNA sur les remparts de Gênes,
Au sein de la famine éprouvant mille gênes,
    Il dicte encor des lois :
C'est là qu'un noble Anglais (1), modeste autant
    qu'habile,
Lui dit : De nos soldats *seul vous valez vingt mille*;
    Poursuivez vos exploits.

Les Dieux des nations ont ressaisi leur foudre !
Des sceptres sont brisés, des trônes sont en
    poudre !
    La frayeur pousse un cri !
Mais laissons raconter ces détails à l'histoire ;
Dans les plaines d'*Esling* (2) s'avance la victoire
    Vers son *Enfant chéri*.

C'est toi, fille du ciel ! des braves noble amante,
Qui soutins à Vagram sa force chancelante
    Au milieu des combats,
Quand pour vaincre il parut, malgré la fièvre
    altière,
Tel qu'un Dieu sur son char, au sein d'une litière
    Que portaient ses soldats.

---

(1) Lord Keith, lors de la convention pour l'évacuation de Gênes.

(2) A Esling, dans une position désespérée, l'intrépidité du brave Masséna décida la victoire en notre faveur.

O toi ! qui sur les monts de la *Lusitanie*,
Crus arrêter l'élan de son vaste génie,
  Sois juste, fier Breton !
Un héros n'est qu'un homme, il ne peut l'*impossible* ;
Cependant Masséna fut toujours invincible,
  Même avec Wellington (1).

Non, sa gloire au tombeau jamais ne peut descendre ;
Au pied du monument qui renferme sa cendre
  L'envie expirera ;
De l'immortalité voyant sur la colonne
Un nom qui fut si cher à la fière Bellone,
  Le temps s'arrêtera.

        P. C.

---

(1) Lord Wellington, en Portugal, était retranché sur des montagnes inaccessibles. Son armée était abondamment pourvue de tout, tandis que l'armée française, occupant un pays entièrement dévasté, manquait des choses les plus nécessaires à la vie, et avait de plus à se défendre contre les paysans qui assassinaient nos soldats lorsqu'ils s'écartaient pour chercher quelques alimens. *Renoncer à une chose impossible, ce n'est point être vaincu.*

TABLE DES MATIÈRES.

	Pages
Avant-propos.	
Premiers faits d'armes des Français en Belgique.	1
Dumouriez à Jemmapes.	2
Les Prussiens en France.	9
Bataille de Valmy.	12
Bombardement de Lille.	17
Retraite des Prussiens.	22
Siége mémorable de Valenciennes.	27
Fière réponse du général de Claye.	34
Les Anglais chassés de Toulon.	35
Manière dont le général Hoche punissait les braves.	43
Landau délivré.	46
Les recrues françaises aux prises avec les vieux soldats espagnols.	50
Il est plus facile de nous menacer que de nous vaincre.	55
Bataille de Fleurus.	57
Combat naval du 13 prairial.	63
Entrée triomphante des Français dans Figuières et dans Roses.	71

Invasion de la Hollande et prise d'une flotte par la cavalerie française. 76
Siége de Dusseldorf, et paroles mémorables de Championnet. 83
Hommage rendu à la mémoire du général Marceau. 86
Passage à jamais célèbre des ponts de Lodi et d'Arcole. 89
Passage du Tagliamento. 100
Trahison des Vénitiens et destruction de leur gouvernement. ibid
Trait de clémence. ibid
Traité de Campo-Formio. 104
Projet de conquérir l'Egypte. 107
Rebellion des Romains punie. 109
Discours prononcé au Capitole par le général Berthier.
Prise de Malthe. 111
Brillans succès des Français en Afrique et en Asie. ibid
Déclaration du Mufti et des principaux chéicks d'Alexandrie. 118
Batailles des Pyramides. 119
La France sauvée dans les champs de Zurich. 128
Bataille d'Alkmaer. 130
Prise de Jaffa. — Horreurs commises par le pacha d'Acre. — Bataille du Mont-Thabor. 133

Le fanatisme s'arme en vain contre la valeur.	140
Anglais chassés d'Aboukir.	143
Armée d'Egypte abandonnée par son chef.	144
Bataille d'Héliopolis.	146
Belle défense de Gênes.	154
Passage du Mont-Saint-Bernard.	158
Bataille de Marengo.	ibid
Bataille de Hohenlenden.	162
Traité d'Amiens violé aussitôt que conclu.	168
Préparatifs formidables qui font trembler l'Angleterre.	ibid
Bataille d'Austerlitz.	175
Funeste présomption des Prussiens.	185
Batailles d'Jena et de Friedland.	ibid
Une journée du siége de Dantzick	196
Réponse remarquable du maréchal Soult au général Kalkreuth.	201
Premières victoires en Espagne.	203
Bataille de Rio Seco.	205
Siége de Sarragosse.	207
Encore la guerre avec l'Autriche.	210
Exploits du prince Eugène en Hongrie.	213
Coup d'œil sur l'Espagne.	215
Combat de Pombal.	217
Résolution hardie.	220
Bataille de Toulouse.	221
Campagne de Moscou.	227

Bataille et prise de Smolensk.	230
Bataille de la Moskova.	237
Belle conduite du prince Eugène.	248
Campagne de Saxe.	253
Bataille de Lutzen.	254
Armistice rompu.	259
La France envahie.	262
Batailles de Champ-Aubert et de Montmirail.	263
Siége et bataille de Paris.	272
Bataille de Mont-Saint-Jean, ou le dernier cri de la valeur expirante.	281
Les braves au tombeau de l'Enfant chéri de la Victoire.	293

FIN DE LA TABLE.

www.ingramcontent.com/pod-product-compliance
Lightning Source LLC
Chambersburg PA
CBHW071329150426
43191CB00007B/668